Introduction to
Love tarot

恋愛
タロット入門

相手の本音がわかる
細密リーディング

mimineko

タロットカードの力を借りて、
恋の未来を掴み取りましょう♡

皆さんこんにちは、mimineko です！

　恋はときに楽しく、ときに切なく、まるでジェットコースターのように心が揺れ動いてしまいますよね。それも恋の醍醐味ですが、お相手の気持ちがわからず悩むことも多いはず。ときには占いに頼りたくなることもあるでしょう。でも、毎回プロの占い師さんにお願いするとお金もかかりますし、とはいえ自分でタロット占いをしても、「私の恋を占った答えとして、このカードはどういう意味？」と悩むこともあるでしょう。

　そんな皆さんの声にお応えすべく、mimineko の YouTube チャンネルにて数多くの方々のお悩みを聞いてきた経験を活かし、満を持してこの本を作りました！　世の中にタロットの入門書はたくさんありますが、この『恋愛タロット入門　相手の本音がわかる細密リーディング』は、恋愛を占うことに特化しているのが特徴です。**各カードの恋愛的な意味を詳しく掲載し、恋のステップに応じたキーワードもご紹介**しています。恋の悩みを占いたい方のかゆいところに手が届く内容にしているので、タロット暦がある方にも、よりタロットの世界を楽しんでいただけるアイディアが見つかるはずです。この本をヒントに、あなたの自由な発想を膨らませてリーディングを行っていただいても構いません。この本が、皆さんがタロットに親しむきっかけになれば幸いです。

恋愛はあなたが自分の価値を認めることで、不思議とうまくいくもの。**誰しも本当は生まれたときから価値がある**のに、「もっと頑張らなきゃ価値がない」「もっと可愛くならなきゃ愛されない」と自分自身に不足があると思い込み、そんな幻想の中でさまよっているんです。でも、「**私には最初から愛される価値があるんだ**」ということを思い出せば、面白いくらいお相手から愛されるようになるんですよ！　そんな**自己愛**（ありのままの自分を愛し大切にする能力）**を高める方法**もご紹介していますのでお楽しみに♪　きっと恋をすることで、知らなかった自分に出会えるでしょう。

　そして皆さんに一番忘れないでほしいことは、タロットはあくまでもあなたの「サポート役」だということです。タロットはあなたの未来を決めることはできません。タロットができることは、可能性やアドバイスを示すことだけです。それはどんなに有名で、当たると噂の占い師さんでも同じこと。あなた以外の誰も、あなたの未来を決めることはできません。**あなたの世界を創れるのは、あなただけだというのが真実**です。

　「**あなたの世界ではあなたに一番力がある**」。それを思い出せば、タロットは心強い相棒になってくれるはず。タロットの力を借りて、どうかあなたの望む愛の世界を現実にしてくださいね！

mimineko

Contents

PART 0

9 | ## タロットのことを知りましょう

PART 1

17 | ## 78枚のカードの意味を学びましょう

PART 2

あなたのお悩みを占ってみましょう

75

PART 3

鑑定例から読み解きのコツを掴みましょう

PART 4

149 | # あなたの恋愛運をアップさせましょう

この本の読み方

PART 0
タロットのことを知りましょう

タロットカードの基礎知識や、タロットとはいったいどんなものなのか、またタロットで恋を占うにあたって大切なことなどをご紹介します。まずはここで、タロットについて「知ること」が大切です!

PART 1
78枚のカードの意味を学びましょう

大アルカナ22枚、小アルカナ56枚のカードの意味を解説します。恋をするあなたへのメッセージと、恋のシチュエーション別にキーワードをまとめました。カード1枚1枚の「顔」を見て親しみましょう!

PART 2
あなたのお悩みを占ってみましょう

実際に占う手順を準備から説明します。また、スプレッド(カードの並べ方)を7種類ご紹介します。mimineko流のポイントや、私のオリジナルスプレッドも掲載しているのでチェックしてみてくださいね♡

PART 3
鑑定例から読み解きのコツを掴みましょう

リアルな恋のお悩みを実際にmiminekoが占ってみました。さまざまなケースのリーディングを扱っておりますので、miminekoがどんな解釈をしているのか、皆さんの読み解きの参考にしてみてください♪

PART 4
あなたの恋愛運をアップさせましょう

タロットカードを使った、恋愛運をアップさせる方法をご紹介します。タロットとお花やパワーストーンの組み合わせ、毎日できる簡単な恋占い、番外編として、自己愛を高めて愛される方法もまとめました!

---

miminekoとは?

シャーマン家系に生まれ、成人後の病をきっかけに神様や精霊の意識をキャッチするようになる。2019年からYouTubeチャンネルでカードリーディングを開始。直感力を活かしたリーディングと愛のあるアドバイスで人気を博し、登録者は12.3万人を超える(2023年3月)。

タロットのことを知りましょう

タロットカードって、いったいどんなもの？
どうしてタロットで未来がわかるの？
そんな皆さんの疑問に対する答えと、
占う前に知っておきたい
基礎知識についてお話しします！

タロットカードの基礎知識

「78枚もあって混乱する！」そんなあなたのために、
カードの構成と用語をご説明します。

タロットカードの歴史

タロットカードの起源は古代エジプトやユダヤといわれることもありますが、正確な発祥は未だ不明です。しかし15世紀には最古のタロットカードが見つかっており、かなり古くから存在していたことが学術的に証明されています。15世紀の頃には、ヨーロッパの貴族の間で遊戯用に使われていたとも。それがいつしか神秘的な意味づけがされるようになり、次第に占いに用いられるようになりました。

タロットカードは全78枚で、「大アルカナ」と呼ばれる22枚と「小アルカナ」と呼ばれる56枚に分けられます。アルカナとはラテン語で「神秘」や「秘密」を意味しています。大アルカナには1枚ずつ番号と名前がつけられ、人物や自然などの絵が描かれているのが特徴です。小アルカナはトランプの原型であるともいわれ、14枚ずつ4種類に分けられており、それぞれに番号がつけられています。全78枚そろった状態のことを「フルデッキ」と呼びます。

大アルカナって？

22枚

〈0.愚者〉から〈XXI.世界〉までの22枚です。〈愚者〉〈魔術師〉〈皇帝〉などの人物や〈星〉〈月〉〈太陽〉などの自然、〈正義〉〈力〉〈世界〉などの概念が描かれ、22枚で一つの物語になっているといわれています。

小アルカナって？

56枚

全部で56枚あり、14枚ずつ4種類の「スート」と呼ばれるシンボルに分けられます。〈ワンドの3〉といったように、スート名と番号で呼びます。「ヌーメラルカード（数札）」と「コートカード（人物札）」で構成されます。

スートって？

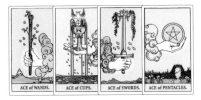

小アルカナを四つに分類する、ワンド（棒）・カップ（聖杯）・ソード（剣）・ペンタクル（金貨）です。それぞれ四大元素に対応していて、ワンドは「火」、カップは「水」、ソードは「風」、ペンタクルは「地」を表します。

コートカードって？

小アルカナのうち、「ペイジ」「ナイト」「クイーン」「キング」のカードを「コートカード（人物札）」といい、決まった人物が描かれています。コートは「王宮」の意味で、ペイジは小姓（騎士の見習い）、ナイトは騎士、クイーンは女王、キングは王を示します。

ヌーメラルカードって？

小アルカナのうち、A〜10の数字のカードを「ヌーメラルカード（数札）」といいます。絵柄には、そのスートが象徴するアイテムが番号と同じ数だけ描かれます。たとえば〈カップの3〉ならば、カップが三つ描かれています。

正位置／逆位置って？

カードの上下が絵柄に対して正しく出ることを「正位置」、逆さまに出ることを「逆位置」といい、示す意味も異なります。ただ、逆位置を採用せずに占うこともできます。占う前に、カードが逆さまに出た場合はどちらの意味で読むのか決めておくといいでしょう。

タロットカードの種類

一般的には「マルセイユ版」と「ウェイト版」と呼ばれる、絵柄が異なる2種類があります。歴史的には16世紀頃に誕生したマルセイユ版のほうが古く、「ウェイト＝スミス版」は19世紀に入ってから「黄金の夜明け団」によって作られ、現代ではウェイト版が広く浸透しています。2種類のカードの大きな違いとして、ウェイト版では〈Ⅷ.力〉〈Ⅺ.正義〉ですが、マルセイユ版ではこの2枚の番号が逆になります。

タロットカードの世界

不思議な力を持つタロットカードをどう使い、どう活かすのか、
タロットを始める皆さんに知っておいてほしいことをまとめました。

タロットを使って明るい未来を信じましょう！

タロットは「信じれば当たる」もの。信じる思いにはパワーがありますから、せっかくいい結果が出ても「当たらないかも」と疑うのはとってももったいないことなんです！　私miminekoなんて単純なので、誰かにいいことを言われたらすぐに信じ込んでしまいますよ（笑）。例えば10年以上前に占い師さんから言われた言葉もずっと覚えていて、へこたれそうなときは「あのときこう言われたから大丈夫」と未だに自分に言い聞かせているくらい、嬉しかった言葉はいつまでも信じ続けています。

自分で占ってよくない結果が出たら「じゃあどうすればよくなる？」とカードにしつこく聞きますし、嬉しい結果が出たらスマホで写真に撮り、時々眺めては「うまくいくんだ！」とホクホクしています。夢見がちと思われるかもしれませんが、私は結果が当たるかどうかよりも、未来を信じている状況自体が心地いいんです。いざダメなときはそのときに落ち込めばいいんですから、最初から未来を悲観する必要ありません。自分の人生に何を採用するかは、あなた自身が決められるのですから！

タロットで占えること・占えないこと

タロットはどんなことでも占えますが、とくに得意なのは「近い未来のこと」「人の気持ち」「選択肢の中から選ぶこと」です。反対に「遠い未来のこと」「漠然としたこと」はタロットの苦手分野なので、質問の仕方を工夫する必要があります。また、人の生死に関わることや犯罪行為について占うことはタブーとされています。

タロットで恋の未来もあの人の気持ちも丸わかり！

タロットは潜在意識（＝アカシックレコード）にアクセスして、現在の状況やお相手の気持ち、未来の可能性まで占うことができます。なぜならタロットは偶然性を大切にした占いで、「偶然」には人の潜在意識が働くからです。私たちには顕在意識と潜在意識といった2種類の意識があり、潜在意識は自分で認識していない事実や未来を把握しています。ただ、アカシックレコードなんて聞くと「特別な力を持つ人しかアクセスできないのでは？」と思われるかもしれませんね。でも、誰にでも「第六感」のようなものは備わっていて、あなたの中にもスピリチュアルな力は絶対に秘められているんです。タロットはその能力を開花させる

ためのツールとして、きっと力になってくれるはずですよ。

占うときは、「お相手の方とより理解し合うために、より幸せになるために、この恋について教えてください」という前向きな姿勢でタロットに向き合ってくださいね。「お互いの幸せのため」というあなたの純粋な気持ちがアカシックの扉を開くのです！

アカシックレコードとは

宇宙が誕生したときから起きたすべての出来事が記録されているデータバンクのことをいい、情報は常にアップデートされ続けています。実際に起きた事象はもちろん、人の感情や想念などの情報なども網羅し、過去だけでなく未来に起き得ることまで記録されているのです。「宇宙図書館」や「集合意識」と呼ばれることもあります。

タロットで恋を占うときに大切なこと

タロットで恋を占うにあたって、
皆さんに忘れないでほしい大切な心がけをまとめました。

あなたの本音に耳を傾ける

　恋をするとお相手のことで頭がいっぱいになってしまいがちですが、占うときには自分の本音を見つめ直すことが大切です。あなたご自身の望みがはっきりしていなければ、タロットは曖昧な答えしか導き出せないんです。悩んだときには、ご自身の深層心理についてもカードに聞いてみてください。意外な答えが得られるかもしれませんよ！　そのうえで「どうすればこの恋をうまく進められるのか、アドバイスをください」と占えば、きっとカードが解決策を教えてくれるはずです。

自分への愛を持って占う

　タロットカードは、あなたが自分に向き合うための手助けをし、寄り添ってくれるツールです。お相手の気持ちが気になるときこそ、よくご自身を見つめてください。恋は自分を愛すれば愛するほどにうまくいくもの。「私は素敵な存在」と認めれば、「こんなに素敵な私だから、きっと恋だってうまくいくはず」と思えますよね？　素敵なお相手に恋をしているあなたご自身も、きっと素敵な人のはず。「私は愛される存在」という思いを持って占えば、お相手への執着も外れてカードが示す答えも明るくなってくるものですよ！

ネガティブなことは占わない

　タロット占いは神聖なものですから、「あの人に因果応報がくだるか」など、ネガティブなことを占うのはNG！　誰かの不幸に繋がる占いをすると、波動が下がって正しい結果が出ないんです。失恋したお相手のその後や恋のライバルのことなど、気になることはあるでしょう。悔しい思いをしたこともあるかもしれませんね。でも、あなたが世界に放ったものは必ず返ってくるのが宇宙の法則です。「私は自分のハートに反することはしない。きっとまた素敵な恋ができる」、そうあなたが思えたなら、神様だって応援してくれるはず。新しい恋についてカードに聞いてみれば、きっと素晴らしい恋の訪れを教えてくれますよ♡

結果に一喜一憂しない

　タロットカードが見せてくれるのは「今一番可能性の高い」未来。カードが示すのはあくまで可能性の一つですから、思わしくない結果が出たとしても悲観しないでくださいね！　それに、あなたが望む未来と違う結果が出たのであれば、そのずれを修正していけばいいんです！　「このままいくとこうなるかも」という可能性に気がついただけで最高にラッキーじゃないですか。決して確定された未来はありません。明るい未来の道へ軌道修正するにはどうしたらいいか、私miminekoみたいに（笑）、しつこくカードの力を借りてアドバイスをもらいましょう。

すべてのものへ感謝の心を持つ

　ネガティブなことを占うと波動が下がると説明しましたが、反対にお相手や周囲への感謝や愛を持って占えば、カードはポジティブに応えてくれます。お相手の幸せを願うことであなた自身の波動も高まるからです。またこれはタロットに限ったことではなく、周囲への感謝の心がある人の願いは叶いやすいものなんです。世界を愛する人は、世界からも愛されるのですから。逆に何事も周りのせいにしている人の願いは叶いにくいもの。どうかあなたを取り囲むすべてのものに対する感謝を、そして相棒であるタロットへの感謝を忘れないでくださいね。

mimineko が教えます!

タロットに親しむ方法

これからタロットを活用する皆さんが、よりタロットに親しめる方法をご紹介します。

「1日1枚」を習慣にする

タロットに親しみ上達する方法は、何よりもカードに触れる回数を増やすことです! とくに悩み事がないときでも、「今日はどんなことが起きる?」「今日のランチはパスタかオムライス、どっちを食べたらいい?」など、日常の些細なことでもいいのでカードに尋ねてみてください。毎日占うことでカードへの親しみが増し、カードとの信頼関係が深まるはずですよ!

タロットノートをつける

タロット初心者の方もこれまでに経験がある方も、ぜひノートをつけてみてください。タロットを使って何を占いたいのか、自分がどうなるためにタロットを活用したいのかを書くことで決意表明にもなります。占い結果はもちろん、1枚1枚のカードをどのように読んでどうリーディングしたかなどもメモしましょう。現実で当たったことや外れたことを振り返るのも上達に繋がりますよ。

結果を写真に撮って残す

スプレッド（82ページ）を展開して占うようになったら、結果をスマホで撮影して写真に残しましょう。タロットノートとあわせて記録に使ってもいいですし、ノートが面倒な方は写真だけでも振り返るときに便利です。そのときも、何を占った結果なのかがわからなくならないように、写真にメモを入れておくといいですね。いい結果が出たときの写真は心のお守りにもなりますよ♪

タロットアプリを活用する

タロットに触れる回数を増やすといっても、忙しいとゆっくり占う時間も取れないですし、だからといって毎日デッキを持ち歩くのは大変ですよね。そんなときには、スマホやタブレットで使えるタロットアプリがおすすめです。出先で判断に迷うことがあった場合や、ふとタロットに何か尋ねたくなった場合にも、さくっと占うことができるのでとても便利ですよ。隙間時間にできるのも◎。

PART 1

78枚のカードの
意味を学びましょう

ここからはカードの意味を1枚ずつ解説していきます。
カードに描かれたシンボルは、あなたへのメッセージです。
解説は、それらを読み解くためのヒントにしてください。
大切なのは、カード1枚1枚を
よく見てあげることです。

解説の見方

22ページからは大アルカナ22枚、46ページからは小アルカナ56枚の意味を解説しています。解説内のそれぞれの項目について説明します。

Major Arcana

❶

0
愚者
THE FOOL

❷

天を仰ぎながら、軽やかな足取りで歩みを進める若い旅人。ただ足元を見るとそこは崖で、その先に道は続いていません。白い犬が危険を知らせようとしていますが、彼は気がついていないようです。〈愚者〉は何にも縛られない自由を示し、不安定な状況ではありながらも、楽観的な状態を表しています。この先何が起こるかわからない、無限の可能性を秘めたカードです。

❸

〔 愛のメッセージ 〕

❹

［正位置］
" 心の赴くまま、自由な気持ちであなた自身を表現して！ *"*

［逆位置］
" あなたはどうなりたい？客観的に自分を見つめてみて *"*

❺

ありのままのあなたでいることで、意中の人の視線を集めそう。気になる人にはどんどんアピールを。お相手の反応をうかがうよりも自分の思うように行動することで、純粋に恋を楽しめるときです。未来は可能性にあふれていますから、恐れずに進みましょう。

自由や希望を追い求めるあまり、お相手から無い加減だと思われてしまいそう。遊びの恋にハマってしまったり、曖昧な態度でずるずると流されたりする可能性もあるでしょう。後先考えない発言や無計画すぎる行動で、後悔することになるかもしれません。

❻

〔 愛のキーワード 〕

❼

出会い	片思い	カップル	結婚
新たな出会い、可能性にあふれた未来	無邪気、純粋、プラトニックラブ	大胆、自然体、息がぴったり合う	先入観を捨てる、自由な結婚観

22

Minor Arcana

ワンドの
A
ACE of WANDS

❷

雲から伸びた神の手が握りしめるのは、情熱を示すワンド。「火」の純粋なエネルギーを表すカードで、ワンドから伸びる芽は生命力の象徴です。新たな始まりや、目標に向けて突き進むという意味もあります。

❸

❶

〔 愛のメッセージ 〕

❹

［正位置］
" 新しい展開に胸躍るとき。積極的に行動しましょう！ *"*

［逆位置］
" 少し休んでも大丈夫。あなたの気持ちを大切にして。 *"*

恋する気持ちが高まりそう。新しい出会いや関係の進展に期待できそうです。熱い情熱を胸に、望む未来に向かって動き出しましょう。頻繁な連絡が吉です。

恋の情熱が冷めてしまいそう。自分や相手の気持ちがわからなくなって距離を置きたくなったり、周りの邪魔が入ることも。無理に行動せずに休みましょう。

❻

❺

ACE of WANDS.

〔 愛のキーワード 〕

出会い	片思い	カップル	結婚
新しい出会い、理解者との接点	積極的な関わり、交際の開始	情熱的、魅力、夢中になる	家族、誕生、妊娠と出産

❼

❶ カードの絵柄

「ウェイト＝スミス版」のタロットカードを掲載しています。大アルカナは、それぞれ上部に番号、下部に英語名が書かれています。小アルカナはA、ペイジ、ナイト、クイーン、キングには下部に英語名が、それ以外の2〜10には上部にローマ数字が書かれています。

❷ カードの番号・名前

タロットカードにつけられた名前と番号が書かれています。この本では「ウェイト＝スミス版」に沿った名称と順番で掲載しています。

❸ カードの基本的な意味

カードに描かれている特徴と、そのカードが示す象徴を解説しています。

❹ 愛のメッセージ

miminekoから恋するあなたへのメッセージです。正位置・逆位置でメッセージは異なります。リーディングをする際のアドバイスとして参考にしてみてください。

❺ 正位置の意味

恋愛のお悩みを占うにあたって、そのカードが正位置（絵柄の上下が正しい向き）で出た場合のmiminekoオリジナル解釈です。

❻ 逆位置の意味

恋愛のお悩みを占うにあたって、そのカードが逆位置（絵柄の上下が逆向き）で出た場合のmiminekoオリジナル解釈です。

❼ 愛のキーワード

「出会い」「片思い」「カップル」「結婚」の四つのカテゴリごとのキーワードです。ご自身の恋愛がどのステップにあるかを踏まえて、占うときのヒントにしてください。他のカテゴリのキーワードも参考にしてリーディングしましょう。

∴ POINT ∴

ローマ数字の読み方

ローマ数字には法則があり、「1（I）」「2（II）」「3（III）」以降は「5（V）」と「10（X）」が基準です。「V」「X」の右の数字はプラスし、左の数字はマイナスします。「18（XVIII）」などの場合は、先に右側二つの数字のみで計算し、「10（X）」をプラスします。

5 3
VIII
Vの右側にIIIなので
5＋3＝8

1 10
IX
Xの左側にIなので
10−1＝9

10 5 3
XVIII
Vの右側にIIIなので
5＋3＝8
10をプラスして
8＋10＝18

重要なテーマを象徴する
22枚の大アルカナ

　78枚のうち、とくに大きな意味を持つのが22枚の大アルカナです。初心者の方がタロットと聞いて、まず思い浮かべるのがこの大アルカナではないでしょうか？　大アルカナに描かれた神秘的・抽象的な絵には、見る人の想像力をかき立てる不思議な魅力がありますよね。大アルカナには、〈魔術師〉や〈皇帝〉などの人物や〈星〉〈月〉などの自然、〈力〉〈正義〉などの概念がテーマとして描かれています。

　また、大アルカナは１枚１枚に固有の名前がつけられているのも特徴です。大アルカナは小アルカナに比べて抽象的な意味を持ち、人間が人生で経験する運命的な出来事や物事の本質など、大きな方向性を示してくれます。実際に78枚で占って大アルカナが出た場合は、とくにそこに重大なヒントがあると考えましょう。大アルカナを軸にして解釈することで、カード全体の意味を捉えやすくなりますよ！

　大アルカナは0から22まで順に、一つの物語になっているという解釈が一般的です。放浪者のような〈0.愚者〉から始まり、〈Ⅰ.魔術師〉は新しい物を創造しようとしていて、〈Ⅱ.女司祭〉では知恵を手に入れる……このようにさまざまな経験をとおして、最終的に完成された〈XXI.世界〉に辿り着きます。大アルカナは人間にとって普遍な「成長」をテーマに、私たちに人生を教えてくれているのかもしれませんね。

　この本で初めてタロットに触れる方は、もしかすると〈恋人〉が出たらハッピー、恐ろしい死神が描かれた〈死〉が出たら絶望的……そんなイメージを持っているのではないでしょうか。ご自身がカードから受けた印象は大切していただきたいですが、タロットが持つ本質的な意味はそう単純ではありません。実際、〈恋人〉は喜びという意味を持つ反面、甘い誘惑も暗示します。逆に〈死〉は物事の終わりとともに切り替わりといった意味も持ち、新たな始まりさえ感じさせてくれます。

　カードの持つ意味は決して一辺倒ではなく、どんな質問に対し、どんなスプレッドで、どの位置に出たかによっても意味が異なります。タロットは人と同じで、ときと場合によって違う顔を見せてくれるのです。ですから、特定のカードを「怖そう」と毛嫌いせず、正しく意味を知ることから始めましょう。そうすれば、カードもあなたに歩み寄ってくれるはずです。親しくなれば、カードはきっと力強い相棒になりますよ！

：POINT：

大アルカナだけで占ってもOK

78枚全部で占うのはハードルが高い……という方は、大アルカナだけで占うことから始めてもOKです！　大アルカナは重要なテーマや要素を持ち、大まかな方向性を示してくれるので、かえってストレートにカードからのメッセージを受け取れることもあるでしょう。

愚者
THE FOOL

　天を仰ぎながら、軽やかな足取りで歩みを進める若い旅人。ただ足元を見るとそこは崖で、その先に道は続いていません。白い犬が危険を知らせようとしていますが、彼は気がついていないようです。〈愚者〉は何にも縛られない自由を示し、不安定な状況ではありながらも、楽観的な状態を表しています。この先何が起こるかわからない、無限の可能性を秘めたカードです。

愛のメッセージ

正位置

心の赴くまま、自由な気持ちであなた自身を表現して!

　ありのままのあなたでいることで、意中の人の視線を集めそう。気になる人にはどんどんアピールを。お相手の反応をうかがうよりも自分の思うように行動することで、純粋に恋を楽しめるときです。未来は可能性にあふれていますから、恐れずに進みましょう。

逆位置

**あなたはどうなりたい?
客観的に自分を見つめてみて**

　自由や希望を追い求めるあまり、お相手からいい加減だと思われてしまいそう。遊びの恋にハマってしまったり、曖昧な態度でずるずると流されたりする可能性もあるでしょう。後先考えない発言や無計画すぎる行動で、後悔することになるかもしれません。

愛のキーワード

出会い	片思い	カップル	結婚
新たな出会い、可能性にあふれた未来	無邪気、純粋、プラトニックラブ	大胆、自然体、息がぴったり合う	先入観を捨てる、自由な結婚観

I
魔術師
THE MAGICIAN

　堂々とした表情で、ワンドを高く掲げた若い魔術師が描かれています。手前のテーブルの上に並べられているのは、ワンドとともに四大元素を示すペンタクル、ソード、カップ。彼はこれらの道具を自由自在に操ることができ、万物を創造する力と自信を持っています。動き出す準備が整い、いよいよスタートを切るべきタイミングが来たことを知らせるカードです。

THE MAGICIAN.

―――― 愛のメッセージ ――――

正位置

**美しいオーラを放つとき。
一歩踏み出しましょう!**

　あなたの魅力が高まって輝けるときです。あなた自身の準備はもう整っていますから、自ら行動を起こすことが鍵になります。お相手との会話も弾み、円滑なコミュニケーションが取れそう。このチャンスを逃さないように、自分の魅力を信じて踏み出すのみです。

逆位置

**直感の強いあなたですが、
ときには熟考してみませんか?**

　まだあなたの中に迷いがあるのかもしれません。焦って動き出そうとするよりも、じっくり自分自身と向き合ったほうがいいでしょう。そのまま無計画に何かを始めても、周囲を巻き込んで信用を失ってしまいそう。準備不足を認めて少し腰を据えてみてください。

―――― 愛のキーワード ――――

出会い	片思い	カップル	結婚
知的な相手、理想的な恋の予感	交流の機会が増える	理解し合える、魅力が増す	チャンス到来、交渉

THE HIGH PRIESTESS.

女司祭
THE HIGH PRIESTESS

白と黒の柱の間に腰掛けているのは、落ち着いた佇まいの高潔な女性。彼女は男女・陰陽といった相反するもののバランスを保つ力を持っていて、抱えている書物は知性の象徴です。〈女司祭〉は感情に振り回されることなく、知識と理論によって問題を解決する精神性の高さを示します。合理的な思考を持ち、冷静さと潔癖ささえ感じられる崇高な知性を表すカードです。

―――――― 愛のメッセージ ――――――

正位置
" 直感に従うことで、恋の可能性が広がります！"

直感が冴えるときです。相手の内面や考えていることを感じ取れたり、自分自身の気持ちを客観的に判断できたり、秘められているものへの感覚が研ぎ澄まされています。自分のインスピレーションに従って行動することで、思わぬチャンスを得られるでしょう。

逆位置
" 大丈夫、未来を信じて！不安なときは深呼吸を。"

肩に力が入っていませんか？余裕がないせいで視野が狭まりピリピリしているようです。つい他人の嫌な部分が目につきますが、感情的に批判をしてしまわないように注意。自分の感情に振り回されないように気をつけて、明るい未来を思い描きましょう。

―――――― 愛のキーワード ――――――

出会い	片思い	カップル	結婚
秘めた思い、プラトニック	心を開いて接する、内面重視	信頼できる相手、性格のよさ	安らぎ、落ち着き

III

女帝
THE EMPRESS

実り豊かな自然の中、穏やかな表情でゆったりと椅子に腰掛ける女帝。そのくつろいだ姿からは優雅な雰囲気が漂い、彼女が愛に満たされていることがわかります。また、そのふくよかな身体つきは、彼女が子を産み育てる母親であることを示しています。物質的あるいは精神的に満ち足りた幸福を享受し、他者に対しても見返りを求めない愛と包容力を表すカードです。

愛のメッセージ

正位置

" 心から満たされるとき。魅力をアピールして! "

愛される喜びを味わえそう。愛を感じられる分、あなたも相手のすべてを受け入れることができるでしょう。女性らしい魅力が高まっているときでもあるので、存分にその魅力をアピールすると効果的。余裕のある態度と母性的な包容力が異性を惹きつけます。

逆位置

" 気づいてください!あなたは愛されています "

現状に満足できず「もっと愛されたい」という欲が高まっている様子。もしくはそそがれている愛のありがたみを忘れ、ぞんざいに扱ってしまっている可能性も。今あなたが包まれている愛の尊さに気づかないと、魅力も半減し、好機を逃してしまうかもしれません。

愛のキーワード

出会い	片思い	カップル	結婚
華やかな恋、実りの多い恋	魅力的な女性、優しい人	母性で包む、性的魅力、安心感	妊娠、出産、結婚相手候補

THE EMPEROR.

IV

皇帝
THE EMPEROR

　威厳のある佇まいで豪奢な玉座に腰掛ける〈皇帝〉。鋭く険しい顔つきからは、男性性と信念がうかがえます。皇帝自ら甲冑を身に着けているのは、彼の行動力と真の責任感の表れでしょう。背後に連なる気高い山々は、彼がその地位に甘んじず、高い向上心を持っていることを示しています。野心を持ち、周囲をリードしていく主体的な姿を象徴するカードです。

愛のメッセージ

正位置

**" 誇りを持って行動を。
望む状況が近づくはず "**

　積極的な姿勢が運を掴むとき。自信を持って恋の主導権を握りましょう。自分からアピールをしたり、デートの計画を立てたりすることで、関係性がいい方向に変化しそうです。反対に、頼り甲斐のある人や責任感のあるお相手との出会いを示唆することも。

逆位置

**" かっこつけないで大丈夫。
ありのままが魅力的です "**

　必要以上に自分をよく見せようとした結果、空回りしてお相手からがっかりされてしまいそう。無意識に自分が正しいと思い込み、それをお相手に強要してしまうことも。あまり張り切って行動せずに、お相手の気持ちを考えながら自分がどうすべきかを見直して。

愛のキーワード

出会い	片思い	カップル	結婚
守りより攻める恋、頼れる相手	積極的、恋をリードする	責任感、父性、デートの計画	積極的な行動で信頼を得る

THE HIEROPHANT.

V

司祭

THE HIEROPHANT

　法衣を着た男性と、彼に跪くような姿勢の二人の聖職者が描かれています。彼は道徳と秩序を守り、人々に知識や教えを説く〈司祭〉です。その表情は穏やかで、慈愛に満ちているようにも見えます。このカードが表すのは、社会的なモラルや揺るぎない信頼であり、精神的な成長です。宗教やスピリチュアル、伝統や集団など、心のよりどころという意味も持っています。

愛のメッセージ

正位置

「自分自身を受け入れることで、余裕のある愛の心が育ちます」

　誠実さが増し、お相手からの厚い信頼を得られるでしょう。遊びではなく、信頼関係を大切にした深いお付き合いができそうです。その分少々頭が固くなりがちなときでもあるので、自分自身にルールを強いて視野を狭めすぎないように気をつけてください。

逆位置

「一人で悩まずに積極的にコミュニケーションを取って」

　間違った思い込みをしてしまいがちなとき。ルールに対して頑なになりすぎる、反対にルールから逸脱してしまうことも。その結果、お相手との信頼関係が築けなくなってしまいそうです。今はプライドを捨てて、素直な気持ちでお相手と話すことで道が拓けます。

愛のキーワード

出会い	片思い	カップル	結婚
落ち着いた恋、大人の恋	誠実な人、優しさ、包容力	支え合える関係、お互いを尊重する	余裕を持つことで婚期が近づく

THE LOVERS.

VI

恋人
THE LOVERS

　天使が見守るエデンの園で、男女の向かい合う姿が描かれています。無防備な姿であることからも、二人の間に隠し事やしがらみは一切なく、純粋にその関係性を楽しんでいることがわかります。〈恋人〉は、心を弾ませるときめきや楽しさ、至福のひとときを意味するカードです。ただし、禁断の果実が示す誘惑が近づいていることも忘れてはいけません。

愛のメッセージ

正位置

**" 甘い恋の予感です。
この幸運を全身で味わって! "**

　ソウルメイトともいえるような、運命を感じられる素敵なお相手との出会いがあるでしょう。将来に繋がる展開の予感も。今は心地よさに身を任せて、天からの祝福を享受しましょう。あなたの心が幸せだと感じることに素直に従っていいときです。

逆位置

**" 心を落ち着かせて。
チャンスはきています "**

　チャンスがきているのにもかかわらず、優柔不断でせっかくの好機を逃してしまいそう。遊びの恋や、三角関係に巻き込まれることもあるでしょう。一度落ち着いて自分自身を見直せば、あなたが掴むべき選択がわかるはず。一時の誘惑に負けないように注意です。

愛のキーワード

出会い	片思い	カップル	結婚
一目惚れ、相思相愛	恋のときめき、交際の予感	運命を感じる愛、性的魅力	プロポーズ、将来に繋がる恋

VII

戦車
THE CHARIOT

　まっすぐと前を見据えた青年を乗せ、戦車が突き進んでいく様子が描かれています。戦車を引いているのは、相反する性質を示す白と黒、二頭のスフィンクス。青年は綱もつけずに戦車をコントロールしていて、彼には相当な意志とエネルギーがあることが感じられます。〈戦車〉は脇目も振らずに目的に向かって突き進む、力強い意志と決意を表すカードです。

─ 愛のメッセージ ─

正位置

**" 素直に積極的になることで
恋の道が輝き出すでしょう "**

　大胆な行動が功を奏するときです。恋の状況が動き出すかもしれません。突然の出会いや関係性の変化があったり、これまで恋路を邪魔していた障害が取り除かれたりするといったこともありそうです。自分の気持ちに正直に、まっすぐ突き進むといいでしょう。

逆位置

**" 諦めてしまうよりも、
今は心を緩めましょう "**

　自分自身をうまくコントロールできずに暴走してしまったり、モチベーションを失ってしまったりしそう。一時の感情で自棄にならず、今は計画を見直したり、状況を判断したりすることが大切です。焦る気持ちを落ち着けて、考え方を改めるといいでしょう。

─ 愛のキーワード ─

出会い	片思い	カップル	結婚
突然の誘い、スピーディーな展開	ライバルに勝つ、困難を乗り越える	裏表がない、純粋な思い、問題解決	本音を伝えて望む展開に

VIII

力
STRENGTH

　百獣の王であるライオンを飼い慣らしているのは、穏やかな笑みを浮かべる女性。これを可能にするのは、相手を跪かせる権力でも、無理やり押さえ込む力でもなく、彼女の精神的な力の強さなのです。ライオンが象徴するのは、本能や欲求といった人間の無意識の領域です。不屈の精神と愛があれば、自分を制御してどんな困難でも乗り越えられることを意味しています。

愛のメッセージ

正位置

" **愛を送り続けましょう！
実現のときが近づいています** "

　ひたむきな愛をそそぎ続けることで、お相手の心の扉が開き始めるとき。時間はかかるかもしれませんが、明るい未来は遠くはありません。辛抱強く愛を持って接する姿勢が、関係性の発展の鍵になるはず。そうして築いた絆は切っても切れないものになりますよ。

逆位置

" **限界を決めないで！
希望は必ずあるはずです** "

　根気が続かず、恋を諦めたい気持ちが強まりそうなとき。弱気になってしまい、面倒なことから逃げたくなるかもしれません。それでも、ここでお相手や問題と向き合うことができれば、希望の扉はきっと開かれるはず。これまでの努力を無駄にしないでくださいね。

愛のキーワード

出会い	片思い	カップル	結婚
強い意志、ベストパートナー	時間をかけて向き合う	努力が報われる、以心伝心	唯一無二の存在、強い絆で結ばれる

THE HERMIT.

IX

隠者
THE HERMIT

　灰色のマントをまとった老人が、先の暗闇をランプで照らしています。彼は俗世間から離れて悟りを開き、深い知恵と豊富な経験を持った隠者です。その精神性の高さから、彼は闇の中で迷える人々を導く立場でもあります。〈隠者〉のカードはあえて自ら孤独を選ぶことで、静かに自分の心と過去を見つめ直し、内面を探求するといった意味を持っています。

愛のメッセージ

正位置

**" お二人がなぜ出会ったのか、
　真実を知るときです "**

　自分自身と向き合うときです。物事の進展が望みにくいタイミングではありますが、自分の気持ちを見直すことによって、お相手の大切さや関係性の問題に気がつけるでしょう。あえて一度距離を置くことで、結果的に二人の絆がより深まるかもしれません。

逆位置

**" 怖がって隠れないで。
　お相手を信頼しましょう "**

　心を閉ざしてしまうとき。お相手を信用できなくなったり、孤独を感じたりするかもしれません。お相手や他者を遠ざけてばかりいると、自分自身をさらに孤独へ追い込むことになります。過去の恋を美化したり、現実逃避に走ったりすることもありそうです。

愛のキーワード

出会い	片思い	カップル	結婚
二人で孤独を癒し合う	過去世の繋がり、落ち着いた性格、復縁	真実の二人、深い絆	人生の学びをともに深めるパートナー

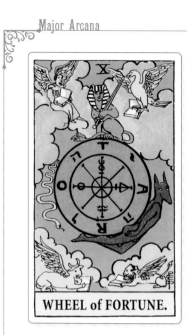

WHEEL of FORTUNE.

X

運命の輪
WHEEL OF FORTUNE

くるくると回転する大きな車輪が表すのは、運命そのものです。周りにいるのはアヌビス神、スフィンクス、四大元素に対応する牡牛、獅子、鷲、天使で、これらは車輪とともに回転していきます。〈運命の輪〉は、運命は絶えず動き続けるものであること、またそれは人の意思が及ばない宿命であることを表すカードです。幸運と不運は循環し、永遠ではないことも意味します。

愛のメッセージ

正位置

**" 幸運がやってくる予感！
感謝して流れに身を任せて "**

恋の歯車が回り始めています。突然の素敵な出会いや、幸せな変化が訪れる予感。この幸運に感謝して勢いに乗れば、チャンスを手にすることができるでしょう。これまで停滞していた関係や、問題を抱えていた恋も、それらの障害が消えて次の段階へと進めるはず。

逆位置

**" 幸運は必ず巡ってくるもの。
時機をうかがいましょう "**

恋の逆風が吹いています。お相手とのタイミングが合わなかったり、頑張っても空回りをしてしまったり、ツイていないと実感することがありそうです。今は行動するべきときではないと考えて、静観するのが得策です。冷静に、進むべき道を見極めましょう。

愛のキーワード

出会い	片思い	カップル	結婚
人生が大きく変わるような出会い	突然の恋のチャンス	変化のとき、好転、進展	運命的な展開で幸せの流れに乗れる

XI

正義
JUSTICE

　真正面を向き厳しい表情で腰掛けるこの女性は、善悪を判断する裁判官です。その手には罪の重さをはかる天秤と、不正を裁く剣が握られています。背後にある石柱は、彼女の精神的な安定感を示しているようです。〈正義〉のカードは、客観的な視点を持ち、理性で判断をくだそうとする中立性を表しています。また、物事の均衡が整っている状況も意味します。

愛のメッセージ

正位置

**❝ ゆっくり信頼関係を育めば
　　関係は発展していきます ❞**

　真面目で対等なお付き合いを育み、お互いに尊重し合うことができるでしょう。燃え上がるような情熱は欠けますが、じっくりとお相手を知っていくことで関係を深められるはず。冷静になれるときなので、価値観の違いを感じた場合には話し合いをしましょう。

逆位置

**❝ 恋がうまくいく鍵は、
　　謙虚な姿勢にあります！ ❞**

　不公平感を抱きがちなとき。自分ばかりお相手に尽くしている、見返りがないなど、損をしている気持ちになりそうです。独りよがりになっているときでもあるので、周りの人の意見を聞くといいでしょう。客観的に自分を振り返ると、自分の過ちにも気づけるはず。

愛のキーワード

出会い	片思い	カップル	結婚
モラルを重んじるお付き合い	誠意のある人、冷静、世間体を気にする	話し合い、対等なお付き合い	言動の一致が将来の可能性に繋がる

THE HANGED MAN.

XII

吊るし人
THE HANGED MAN

　手足を縛られた状態で、逆さに吊るされた男が描かれています。身動きが取れず苦しいはずの姿勢でありながら、彼の表情は極めて穏やかで、頭には明るい光が差しています。このような苦しい状況の中だからこそ、彼は自分自身と向き合っているのかもしれません。〈吊るし人〉は、どんな試練でも耐え忍び受け入れることで、チャンスが訪れることを表しています。

愛のメッセージ

正位置

" あなたの優しい思いはいつか返ってくるでしょう "

　自分を犠牲にしてしまうとき。お相手の言いなりになったり、お相手を待ち続けたり尽くしたりしつつも、その状況を甘んじて受け入れるでしょう。なかなか恋の発展には至らないタイミングですが、お相手へ捧げる愛はいつかあなたの元に返ってくるはずです。

逆位置

" 自分を大切にすることでお相手からも愛されます "

　自己犠牲が報われず行き詰まり、骨折り損のくたびれ儲けといった状況に。それで自暴自棄になってしまうと、さらなる悪循環を生み出してしまいそう。視野が狭くなっているので、考え方を改める必要があるでしょう。まずは自分を大切にしてあげることです。

愛のキーワード

出会い	片思い	カップル	結婚
献身的、タイミングが合いにくい	自己犠牲、慈愛、尽くす恋	忍耐が報われる	尽くす思いが実を結ぶ

— XIII —

死

DEATH

　白馬に乗った死神が、死者が転がる戦場を進んでいきます。恐ろしい印象を抱かれがちなカードですが、〈死〉が表すのは物事の終焉であり、そこからの切り替わりを意味します。何かが終われば、必ず新たな始まりが訪れるもの。山の向こうに昇り始める太陽は生まれ変わりや再生の象徴です。〈死〉は先に繋がる「一区切り」のタイミングの訪れを知らせるカードです。

愛のメッセージ

正位置

" **新しいステージが
あなたを迎えに来ています!** "

　失恋や別れなど、関係に終わりが生じるとき。決してネガティブな意味だけではなく、きちんと終わりを迎えることによって、新しい未来への扉は開かれるのです。長年抱いていた執着を捨てたり、恋愛観が変わったりといった、あなた自身の変化の可能性も。

逆位置

" **後ろを振り返らないで、
前を向いて一歩踏み出すとき** "

　過去への未練が募ったり、変化を受け入れられなかったりして、お相手に対する執着を捨てられない様子。諦められずにモヤモヤを抱えてしまいそう。終わったことに囚われるよりも、ここが変化のときと考えて、新たなスタートを切ることで未来の扉が開きます。

愛のキーワード

出会い	片思い	カップル	結婚
執着を手放し新しい未来へ	過去の精算、結末を迎える	ターニングポイント	根本的な見直し

XIV

節制
TEMPERANCE

天使が両手にカップを持ち、異なる液体を慎重に混ぜ合わせています。足元を見ると片足は地に、片足は水の中にあり、絶妙なバランスを取っていることがわかります。〈節制〉は自制心を持って、異質なものの調和と均衡を取ることを示します。液体が混ざり合えば、新たな何かが生まれるのかもしれません。他者とのコミュニケーションや和解を意味するカードでもあります。

愛のメッセージ

正位置

**❝ あなたらしくいることで、
お相手と調和できるはず ❞**

お相手との心が通じ合って交流が盛んになるとき。背伸びをしない、自然体な姿がお相手に好印象を与えます。お互いを理解し合えるので、相手の知らない一面を見て友情から恋へと発展することもありそうです。また、不仲だった相手と分かり合えることも。

逆位置

**❝ 感情があふれそうなら
深呼吸して心を整えて ❞**

お相手との間に不調和が生じやすく、ストレスを抱えてしまうときです。思いが一方通行になったり、自分を優先してお相手を振り回してしまったり、関係性のバランスが崩れてしまいそう。すれ違ってしまう前に、自問自答して気持ちを落ち着けてください。

愛のキーワード

出会い	片思い	カップル	結婚
好意を持たれる、自然体でいられる	フレンドリー、友情が愛情に変わる	無理のないお付き合い	安定した状況で話が進む、倹約

悪魔
THE DEVIL

THE DEVIL.

中央に巨大な悪魔が鎮座し、その傍らでは男女が首を鎖で繋がれています。しかしよく見ると、その鎖にはゆとりがあるようです。それでも彼らが逃げ出さないのは、悪魔が与える快楽の虜になっているから。気がつかないうちに、快楽や諦念で自分の精神を不自由にしていることを示唆しています。〈悪魔〉は精神的な束縛や、そこからの解放を意味するカードです。

愛のメッセージ

正位置

" **欲望を手放すことで、自分の心が見えてきます** "

　恋に何らかの障害が発生し、嫉妬やお相手への執着心に囚われてしまいそう。浮気や危険な恋など、一時的な欲望を満たす誘惑に乗せられる可能性も。目先の感情や快楽に飲み込まれず、あなたが本当に求めているものは何なのか見つめ直す必要がありそうです。

逆位置

" **勇気を出して抜け出せば気持ちが楽になるはず** "

　これまであなたを縛りつけていたものから、徐々に解放されていく兆しが見えています。腐れ縁の解消や、恋の執着を手放して束縛から逃れることができるでしょう。まだ後ろ髪を引かれるかもしれませんが、己の心の中の悪魔と戦い、誘惑を断ち切りましょう。

愛のキーワード

出会い	片思い	カップル	結婚
魅惑的な印象、欲望を掻き立てる	執着、魔性、本能に従う	泥沼、嫉妬、不倫、腐れ縁	計画性がない

THE TOWER.

XVI

塔
THE TOWER

　天まで届く塔が、激しい落雷によって崩れ落ちる光景が描かれています。塔は燃えながら崩壊し始め、王冠は落下し、人々がはじき落とされています。〈塔〉は空から落ちてくる雷のように、どうしようもない力によって突然の終結や混乱がもたらされることを示唆するカードです。衝撃的な変化や、築いてきたものを失うことを意味しますが、そのショックは一時的なものです。

愛のメッセージ

正位置

" 変化はチャンスです。ポジティブに受け取って "

　雷に打たれるような驚くべき変化が訪れるでしょう。劇的な出会いやスピード結婚といった意味もある反面、衝撃的な事実を知らされたり、突発的な言い争いに発展したり、急な心変わりの可能性も。この変化を吉ととるか凶ととるかはあなた次第といえそうです。

逆位置

" 現実を直視し、理想を見直すいい機会です "

　何かしらの問題が起こり始めてる様子。じわじわと精神的に苦しめられることになり、解決には時間がかかりそうです。後悔に苛まれたり、緊張状態を強いられたりすることも。取り返しがつかなくなる前に、客観的な視点で自分を見つめ直してみてください。

愛のキーワード

出会い
革命的、
衝撃的な出会い

片思い
予期せぬ
ハプニング、
刺激的な恋

カップル
隠し事、
価値観の変化、
衝動的なケンカ

結婚
スピード結婚、
現状を見直して
改善する

星
THE STAR

満天の星が輝く空の下、裸の乙女が水面を覗き込んでいます。彼女が両手に持つ瓶からはそれぞれ水面と大地へと水がそそがれ、清らかな流れを作り出しています。かつて旅人や航海者を導く標であった星は、現代も見る人を勇気づける希望の象徴です。〈星〉は理想や希望の実現を意味し、チャンスの訪れや、限りのない可能性や才能が開けていくことを示すカードです。

PART
1
78枚のカードの意味を学びましょう

―――― 愛のメッセージ ――――

正位置

" **流れ星を掴むように、希望を手にするときです!** "

　恋への憧れが募りチャンスが訪れるとき。理想的なお相手と出会えたり、関係性が発展する兆しが見えたりするかもしれません。親しい関係ならば、愛が深まって充実した時間を過ごせたり、惜しみない愛をそそげたりするでしょう。この機会を逃さないでください。

逆位置

" **ネガティブに受け取らず明るいほうに目を向けて** "

　理想が高すぎて、現実との間にギャップを感じてしまいそう。期待外れでがっかりしますが、本当はいい流れが来ているのに気がついていないだけかもしれません。希望を失わずに、物事のよい面に注目してみれば、きっと得られるものがあるはずですよ。

―――― 愛のキーワード ――――

出会い	片思い	カップル	結婚
夢と希望にあふれている	理想的な人、期待できる関係性	充実した時間、ときめき	明るい未来の可能性

月
THE MOON

夜の闇の中で憂いを帯びた月が、どこか不穏な雰囲気を醸し出しています。月を見上げる犬と狼は、月に向かって遠吠えをしているようです。池から出てきたザリガニは潜在意識における恐れや不安が表面化することを意味しています。〈月〉は心が幻想に取りつかれた様子や、そのせいで先に待つ結果が見えないという状況、またそれに伴う不安な気持ちを示します。

愛のメッセージ

正位置

> **薄明かりの中でも真実は
> はっきりと輝いています**

　不安を抱えやすいときです。根拠もなくお相手のことを疑ってしまったり、反対に自分に都合よく解釈して思い込んでしまったりすることも。慎重な行動を心がけて、真実を見極めましょう。ミステリアスで、素性のわからない相手との出会いも暗示しています。

逆位置

> **迷いや不安は消えて、
> 嬉しいものが見え始めます**

　抱えていたモヤモヤが晴れるでしょう。疑いや誤解が解消したり、真実が判明したりして不安が取り払われそうです。お相手に対して聞きたいことがあれば、はっきり確認してよさそうです。曖昧だったことの道筋が見えるので、将来の見とおしも立つかもしれません。

愛のキーワード

出会い
神秘的な出会い、
謎めいた人

片思い
相手の気持ちが
見えづらい、
漠然とした不安

カップル
秘密の恋、
訳あり

結婚
本質を見極める

THE SUN.

XIX

太陽
THE SUN

　すべてを等しく照らし、温かな恵みを与える太陽が描かれています。その光を浴びながら、子どもが高く旗を掲げ馬に乗る様子は、戦勝を祝福する凱旋兵のようです。〈太陽〉は肉体的にはあふれる活力を、精神的には純粋な幸福を意味するカードです。成功の機運が高まっている状態を示唆していて、周囲から祝福を受けたり認められたりすることを意味しています。

愛のメッセージ

正位置

" 幸福が訪れるとき。
笑顔を大切にしましょう! "

　恋愛成就が望めるときです。恋する喜びを目一杯楽しむことができるでしょう。関係がステップアップしたり、周囲の公認カップルになったり、将来への可能性が広がりそうです。このチャンスを手にするためにも、太陽のように輝く笑顔を心がけてくださいね。

逆位置

" また輝き出すために、
ちょっと一息つきませんか? "

　エネルギー不足で、あなたが本来持っている魅力や才能を発揮できないとき。反対に、自信過剰になって周りにわがままと思われてしまうことも。今は行動を控えて、物事を前向きに捉えてみましょう。十分にパワーをチャージすれば、また輝くことができるはず。

愛のキーワード

出会い	片思い	カップル	結婚
発展性がある、明るい可能性	告白、気が合う、思いが伝わる	笑顔の多い関係性、将来性がある	プロポーズ、無限の可能性

JUDGEMENT.

審判

JUDGEMENT

　天使が吹き鳴らすラッパによって、棺の中で眠っていた死者が蘇り始めています。これは聖書の最後の審判がモチーフで、蘇った人々の行く末は神によって天国と地獄に選別され、その先で魂としての新たな暮らしが始まるのです。〈審判〉は復活や解放を表すカードです。過去の終わった物事が再開したり、縛られていたことから解き放たれたりすることを意味しています。

愛のメッセージ

正位置

❝ 最後まで諦めなければ、あなたは素敵な恋を叶えます ❞

　諦めかけていた恋に希望が見えてくるとき。過去の恋が再燃したり、一度壊れた関係が修復されたりするでしょう。お相手のよさに改めて気づくことで、愛がよりいっそう深まることも。恋の再出発のため、過去の反省を生かして、このチャンスを手にしましょう。

逆位置

❝ 過去の傷が癒えるまで今は待ちましょう ❞

　後悔や未練を引きずってしまうときです。気持ちの整理がつけられず、視野が狭まってしまいがち。物事や関係性は進展しないときなので、今は自分を見直すときと捉えたほうがいいでしょう。過去と向き合い精算することができれば、新たなチャンスが訪れるはず。

愛のキーワード

出会い	片思い	カップル	結婚
過去に諦めたものが再び蘇る	仲直り、心の傷が癒され新しい恋に積極的	復縁、仲直り、修復できる	再婚、関係の再構築

XXI

世界
THE WORLD

　欠けやほころびのないリースの中、神聖な雰囲気の人物が踊っています。この人物は両性具有であるといわれ、四隅には四大元素に対応する牡牛、獅子、鷲、天使がいます。大アルカナの最後を飾る〈世界〉は、まさに何かが完成した状態を示し、目的の達成、待ち望んだ理想の実現を象徴しています。また、途切れず続く円環は半永久的に続く状態の暗示です。

愛のメッセージ

正位置

" 運命のお相手と結ばれるとき！安心して幸せを感じて "

　二人の関係性が最高の形でゴールを迎えられそう。理想的な人との出会いや、思い続けてきたお相手との交際の開始、また相思相愛の関係に幸せを感じられるでしょう。この流れに身を任せ、手にした幸福を大切にしましょう。心が愛に満たされるときです。

逆位置

" あなたの望みを明確に。最後まで諦めないで！ "

　ゴールまであと一歩という、中途半端なところで停滞してしまいそう。ゴールを迎えられたとしても、思っていた結果を得られず、充実感を感じられない結果に。ただし、ここを踏ん張りどころと捉えて気を引き締めれば、最上の幸せを手にできるかもしれません。

愛のキーワード

出会い	片思い	カップル	結婚
最高の恋の相手、理想的な人	恋の成就	相思相愛、喜びあふれる関係性	祝福、ハッピーエンド、理想的な結婚

四つのスートから成り立つ
56枚の小アルカナ

　78枚のうち、日常的かつ具体的な意味を示してくれるのが56枚の小ア
ルカナです。インパクトの強い絵柄を持ち、運命的な出来事を表す大ア
ルカナに比べて、小アルカナはわかりやすいモチーフが少なく、初心者
の方には覚えにくいかもしれませんね。でも、小アルカナを構成している
「スート」を覚えれば、決して難しくありません。

　小アルカナは「ワンド（棒）」「カップ（聖杯）」「ソード（剣）」「ペンタ
クル（金貨）」の四つのスートに分けられ、それぞれ四大元素である「火
地風水」に対応しています。小アルカナはおなじみのトランプの原型で
あるともいわれています。四つのシンボルがあるのもトランプと同じです
よね。小アルカナについては、この四つのスートがあるということと、数
字（ヌーメラルカード）と人物（コートカード）のカードがあることさえ覚え
られれば、もうOKです！　そんなに難しくありませんよね。

　小アルカナが表しているのは、日常の出来事や人物像など、私たちの
生活に密接した具体的なイメージ。大アルカナが大まかな傾向や方向性
を表すとすると、小アルカナはその中での具体的な事象や細かいニュア
ンスを伝えてくれるのです。枚数が多くて一見ややこしく見えるかもし
れませんが、この小アルカナがあってこそ、より詳細で実生活の役に立
つリーディングをすることができるんです。

ワンド

WANDS

　ワンドとは「棍棒」のこと
です。四代元素では火に対応
し、情熱や行動力、競争心な
どを象徴するスートです。棍
棒は原始時代から人間ととも
にあり、火はすべての生命の
始まりであることから、ワン
ドは人間の生命力や魂の本能
を表しています。

カップ

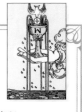

CUPS

　カップとは「聖杯」のこと
です。四大元素では水に対応
し、感情や情愛を象徴するス
ートです。聖杯は人間の祈り
や願いを伴う神聖な儀式で使
われてきたことから、カップは
形なく流れ変化する水のような、
喜び、悲しみ、ときめきなどの
人間の感情を表しています。

ソード

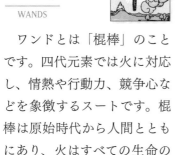

SWORDS

　ソードとは「剣」のことで
す。四大元素では風に対応し、
人間の知性や言語を象徴する
スートです。剣は人間の知性
の発達によって技術的に作り
出されたものであることから、
ソードは葛藤や策略、選択な
ど、人の複雑な思考による心
の動きを表しています。

ペンタクル

PENTACLES

　ペンタクルとは「金貨」の
ことです。四大元素では地に
対応し、価値や利益を象徴す
るスートです。金貨は人間が
作り出し価値を数値化したも
のであることから、ペンタク
ルは報酬や家などの物質的な
財産や、社会的なポジション
などの豊かさを表しています。

ワンドの A
ACE of WANDS

雲から伸びた神の手が握りしめるのは、情熱を示すワンド。「火」の純粋なエネルギーを表すカードで、ワンドから伸びる芽は生命力の象徴です。新たな始まりや、目標に向けて突き進むという意味もあります。

―――――〈 愛のメッセージ 〉―――――

正位置

新しい展開に胸躍るとき。積極的に行動しましょう！

恋する気持ちが高まります。新しい出会いや関係の進展に期待できそうです。熱い情熱を胸に、望む未来に向かって動き出しましょう。頻繁な連絡が吉です。

逆位置

少し休んでも大丈夫。あなたの気持ちを大切にして

恋の情熱が冷めてしまいそう。自分や相手の気持ちがわからなくなって距離を置きたくなったり、周りの邪魔が入ることも。無理に行動せずに休みましょう。

―――――〈 愛のキーワード 〉―――――

出会い	片思い	カップル	結婚
新しい出会い、理解者との接点	積極的な関わり、交際の開始	情熱的、魅力、夢中になる	家族、誕生、妊娠と出産

ワンドの 2
TWO of WANDS

遠くを見つめる男の手には、栄光を手にしたことを暗示する地球儀が。しかし彼はその結果に満足せず、情熱を表す赤い帽子を被り、遥か遠くを見据えています。さらなる高みを目指す状況を表したカードです。

―――――〈 愛のメッセージ 〉―――――

正位置

喜びが増えていきます。自信を胸に絆を強めて！

先に繋がる出会いの訪れや、将来の話の進展がありそう。未来への道が拓けて自信がつくときです。その自信を胸に行動すればさらなる可能性が広がります。

逆位置

焦らずにあなたとお相手の気持ちを尊重しましょう

自信を喪失してしまう暗示。手にした幸せの大切さに気がつかぬまま、失ってしまう可能性も。今は焦らずに、自分とお相手の気持ちに向き合いましょう。

―――――〈 愛のキーワード 〉―――――

出会い	片思い	カップル	結婚
状況が味方して前進する	相思相愛、意気投合する	頻繁な連絡、デートが増える	進展、結婚、未来を描く

ワンドの 3
THREE of WANDS

大海原と遠くの船を眺める男。彼はすでに成果を手にしていますが、さらなる成功のために新たな冒険を夢見ているのでしょう。尽きない向上心を胸に、大海原を漕ぎ出す期待や発展を暗示するカードです。

――――(愛のメッセージ)――――

【正位置】
**ポジティブな行動が
スムーズな流れを呼びます**

恋のチャンスが訪れるとき。可能性を感じる相手との出会いやお付き合いの開始、進展がありそうです。未来を思い描いて前向きに行動すると流れを掴めそう。

【逆位置】
**進展を焦らないで！
機が熟すのを待ちましょう**

まだ準備が整っていない様子。焦って行動しようとしても、期待どおりの結果は得られないでしょう。今は実行するよりも計画を練ることに力を入れてみて。

――――(愛のキーワード)――――

出会い	片思い	カップル	結婚
新しい可能性、進展に期待する	手応えを感じる、交際スタート	積極的、将来を視野に入れる	思い描いていたような状況

ワンドの 4
FOUR of WANDS

4本のワンドがアーチ状に飾られ、その向こう側には花束を持つ乙女たちの姿が。背後の城からは豊かさが感じられます。安らぎや解放、休息といった意味を持ち、物事が一区切りついたことを示すカードです。

――――(愛のメッセージ)――――

【正位置】
**心から幸せを感じ合える
穏やかな日々を過ごせそう**

一緒にいて安心できる相手と進展するなど、喜びを噛み締められる出来事が起こりそう。結婚に繋がる可能性も。心が安らぎ、平穏な幸せに心が満たされます。

【逆位置】
**調和した関係のために、
もっと対話をしましょう**

関係性に違和感を抱きそう。惰性的な付き合いや、諦めを表すことも。お相手との関係を深めるためには、自分の気持ちをごまかさず話し合うことが必要です。

――――(愛のキーワード)――――

出会い	片思い	カップル	結婚
安心感、懐かしい	癒し、交流、心の支え	心が通い合う、穏やかな気持ち	結婚前提、祝福を受ける

ワンドの 5
FIVE OF WANDS

5人の若者がワンドをぶつけ合って激しく争っています。彼らは蹴落とし合うためではなく、高め合うために競争しているのです。他者とのぶつかり合いによって得られる、新たな展望や成長を示すカードです。

愛のメッセージ

正位置

" 刺激的で成長し合える恋。
あなたの心を素直に伝えて "

ライバルの存在が浮上しそう。簡単には手に入らない恋により情熱が燃え上がるでしょう。また、ケンカによって結果的に二人の仲が深まることもありそう。

逆位置

" 負けるが勝ち！
手のひらで転がす余裕を "

不毛なケンカに発展する可能性が。ここはあなたから折れてお相手を泳がせることで、逆に主導権を握って。お互いに消耗するだけなので、長引かせないこと。

愛のキーワード

出会い	片思い	カップル	結婚
ライバルの存在、手強い相手	略奪、三角関係、スリリングな恋	ケンカするほど仲がいい	お互いの意見を尊重して改善

ワンドの 6
SIX OF WANDS

馬に乗って凱旋する男の頭には、勝利を意味する月桂冠があります。背筋を伸ばし胸を張る姿からは、みなぎる自信と誇りが感じられます。周囲の人に認められたり、注目されたりすることを表すカードです。

愛のメッセージ

正位置

" 自分らしさをアピールして。
あなたの魅力が届きます "

人気者との進展や、祝福を受けられることがありそう。高嶺の花のような相手でも、臆さずあなたのよさをアピールしましょう。告白も成功しやすいときです。

逆位置

" プライドは捨てて、
今は素直さを心がけましょう "

見栄を張るとうまくいきません。お相手の信頼も失ってしまいますから、かっこ悪くても弱さを見せたほうがいい結果に繋がります。言い訳もやめましょう。

愛のキーワード

出会い	片思い	カップル	結婚
モテる人、心を奪われる	告白から交際が始まる	親密な関係、自慢の恋人	相手のリードに任せる、祝福

ワンドの 7
SEVEN of WANDS

ワンドを駆使して眼下の敵と応戦する青年。数では不利ながらも、崖の上という有利な位置を活かして戦う彼の表情からは、勝利への確信さえ見られます。妥協せずに戦い抜き、地位を守ることを示すカードです。

愛のメッセージ

正位置

"お相手への信念を貫くことで
願いが叶います"

障害があっても果敢にアプローチすることでライバルに打ち勝てるとき。当たって砕けろの精神がお相手の心を動かしそう。大切なのは一生懸命な姿勢です。

逆位置

"自分の素晴らしさに気づけば
自信が湧いてくるはず"

不利な立場に置かれて弱気になりそう。ライバルに負けたり、二の足を踏んで行動できなくなったりする可能性も。人と比べるより自分のよさを見つめ直して。

愛のキーワード

出会い	片思い	カップル	結婚
恋にのめり込む、猛烈なアピール	ライバルに勝つ、勢い任せの告白	交際のスタート、やっと成就する	相手の覚悟が決まる

ワンドの 8
EIGHT of WANDS

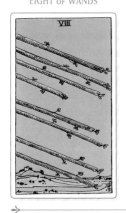

8本のワンドが矢のように放たれ、同じ方向へ向かってまっすぐに飛んでいく光景が描かれています。急激な変化の兆しを暗示するカードで、驚くべきスピード感で物事が急展開することを意味しています。

愛のメッセージ

正位置

"チャンスがきています！
スピーディーな流れに身を任せて"

突然の出会いやスピーディーな進展など、ドラマティックな出来事が起こりそう。お相手との関係に活気が出てくるでしょう。チャンスを逃さず流れに乗って。

逆位置

"今は無理に動かず静観。
光は必ずやってきます"

進展していたものが停滞したり、望まない変化が起きたりする可能性が。一時的に混乱するかもしれませんが、今はただチャンスのタイミングを待ちましょう。

愛のキーワード

出会い	片思い	カップル	結婚
新たな急展開、一目惚れ	お誘いが増える、好感触、告白される	意気投合、趣味が合う、トントン拍子	最高のタイミング

ワンドの 9
NINE of WANDS

柵の中で頭に包帯を巻いた男が、ワンドを抱え込みながら注意深く周囲を観察しています。その姿からは、負傷してもなお戦おうとする強い意志が感じられます。警戒心やピンチへの備えを示すカードです。

愛のメッセージ

正位置

❝ **結果を焦らないで大丈夫。自分を安心させてあげましょう** ❞

いい意味でも悪い意味でも緊張感を持ちやすいとき。結果は出なくても気にせず、恋を制するために準備をしておきましょう。あまり肩に力を入れすぎないで。

逆位置

❝ **必要なものは何か見極めて。あとは時機をうかがうだけ** ❞

タイミングの不一致や、障害が出てきて先に進めない可能性がありそう。準備不足による失敗や、準備していたものを発揮できないままチャンスを逃すことも。

愛のキーワード

出会い	片思い	カップル	結婚
タイミングが大事な恋	緊張感がある、持久戦	疑心暗鬼、束縛、ゆっくりと進む	相手が慎重、控えめが◎

ワンドの 10
TEN of WANDS

10本ものワンドの束を一人で抱え込む男。顔を伏せて歩く後ろ姿からは、彼の必死さが伝わってきます。自分の意思で重荷を背負い、投げ出さずに最後まで責務を全うしようとする姿勢を意味するカードです。

愛のメッセージ

正位置

❝ **頑張りすぎていませんか？誰かに相談しましょう** ❞

お相手のために我慢をしたり、尽くしたりするとき。それでも愛の力でやりとおそうとするでしょう。それが重荷にしかならないのなら、誰かに助けを求めて。

逆位置

❝ **肩の力を抜いていいとき。気分も上向きになりますよ** ❞

抱えてきた荷物を手放したくなるとき。恋に苦しみしかないのであれば、ギブアップするのも一つの手かもしれません。荷物を下ろして、自分を解放してあげて。

愛のキーワード

出会い	片思い	カップル	結婚
分不相応に感じる相手	障害が多い、忙しい相手	真面目すぎる、尽くしすぎる	サポートする、無理せず自然体で

ワンドの ペイジ
PAGE of WANDS

PAGE of WANDS.

少年が自分よりも背の高いワンドを見つめる姿が描かれています。ペイジは伝達者の役目を持ちます。格別純粋な火のエネルギーを持つこの〈ワンドのペイジ〉は、情熱や未来への希望を表すカードです。

〈 愛のメッセージ 〉

正位置

"ワクワクするような恋愛です！恥ずかしがらずにアピールを"

ときめきを感じる恋の予感。駆け引きや、会話や連絡も盛り上がりそうです。初々しい気持になれるときですから、恥ずかしがらずに新鮮な恋を楽しんで。

逆位置

"優柔不断に感じてしまうときは、一歩引いて大人の対応を"

あなたの未熟さが顕著になりやすいとき。素直な振る舞いがお相手に未熟な印象を与えてしまいそう。自分を見直しつつ、意識して大人の対応を取りましょう。

〈 愛のキーワード 〉

出会い	片思い	カップル	結婚
新鮮な気持ち、無邪気な相手	駆け引き、素直な気持ち	連絡がマメ、信頼、楽しい会話	幸せになると決意する

ワンドの ナイト
KNIGHT of WANDS

KNIGHT of WANDS.

勇猛果敢に馬を走らせるのは、ワンドを手にした若い騎士。躍動感あふれるその姿からは、新たな冒険への挑戦心がみなぎっています。熱意と自信を持ち、勢いのままに行動していく様子が描かれたカードです。

 愛のメッセージ

正位置

"ときには大胆に、本能のまま動いてみませんか？"

恋が急展開しそうです。とんとん拍子にお付き合いがスタートすることも。活動的でパワフルな相手との縁が繋がりやすいとき。迷わずに身を任せましょう。

逆位置

"セーブできない思いがありそう。まずは信頼関係を深めましょう"

後先を考えない行動によってトラブルが起きそう。思いがあふれてしまいそうなときも行動の前に一考を。もう少し時間をかけたほうがいいかもしれません。

〈 愛のキーワード 〉

出会い	片思い	カップル	結婚
エネルギッシュに進んでいく恋	急展開、自信家、大胆なアプローチ	情熱、ラブラブ、リードされる	スピーディーに結婚へと進む

ワンドの クイーン
QUEEN of WANDS

ワンドと向日葵を手にした女王。足を広げて堂々と腰掛ける姿からは、開放感と彼女の華やかな魅力が感じられます。〈ワンドのクイーン〉は明るいエネルギーを持ち、芯の強さと大胆さを表すカードです。

QUEEN of WANDS.

〈 愛のメッセージ 〉

正位置

" 魅力が花開くとき！
あの人もあなたの虜です "

あなたの華やかな魅力が高まっています。自信を持って思い切ったアプローチをしてもよさそう。周りの注目を一身に集めるので、モテ期ともいえそうです。

逆位置

" 謙虚さによって、あなたの
美しさに磨きがかかります "

わがままな言動で悪目立ちをしてしまうかも。よくも悪くも注目されるときなので、謙虚な姿勢を心掛けて。過剰なおせっかいや独占欲にも気をつけましょう。

〈 愛のキーワード 〉

出会い	片思い	カップル	結婚
明るく華やか、大胆、モテ期	話上手、優しい、好意がある	セクシー、魅力、母性愛	満たし合う愛、祝福された関係

ワンドの キング
KING of WANDS

遠くを見据える王の手にはワンドが握られています。その堂々とした佇まいには、自分の力に対する確かな自信と、変化する未来への希望がうかがえます。尽きない情熱と挑戦心、カリスマ性を表したカードです。

KING of WANDS.

〈 愛のメッセージ 〉

正位置

" 今までのすべての経験は、
あなたの美しさに現れています "

これまで培った経験を胸に、自信を持って恋に向き合えます。力強くリードしてくれるお相手との縁も繋がりやすいとき。情熱的で誠実な恋を楽しめそうです。

逆位置

" 小さなプライドよりも、
誇り高いあなたを思い出して "

お相手を独占したい気持ちが強くなりそうです。気づかないうちに攻撃的な言動をしていることも。つまらないプライドは捨てて、広い視野を持ちましょう。

〈 愛のキーワード 〉

出会い	片思い	カップル	結婚
力強い人、カリスマ性	オーラがある人、告白のタイミング	性的魅力、頼もしい人	強引な結婚

カップの A
ACE OF CUPS

ACE of CUPS.

手のひらの上の聖杯からあふれる水はとどまるところを知らず、睡蓮が咲く池へと流れ落ちていきます。白い鳩は平和と幸福の象徴です。親愛や友愛を表し、心が豊かに満たされている状態を表すカードです。

愛のメッセージ

正位置

幸せになるために生まれたのです。愛を両手いっぱい受け取って!

ときめくような出会いの予感。新しい恋が始まったり、絆が深まったり、愛に包まれていることを実感できるときです。この幸せを存分に味わってください。

逆位置

愛情をお相手にそそぐ前に、自分の心を愛で満たしましょう

すれ違いや片思い、心が満たされない恋の暗示です。望みが叶わず、心が不安定になることも。誰かを愛する前に、自分のことを心から愛してあげてください。

愛のキーワード

出会い	片思い	カップル	結婚
運命の出会い、新しい出会い	一目惚れ、デートが増える	ソウルメイト、愛をそそいでくれる	生涯をともにする、突然のプロポーズ

カップの 2
TWO OF CUPS

カップを手にした男女が向かい合って交流しています。翼の生えたライオンと絡み合う蛇は、精神性と男女の交流によるエネルギーの高まりの象徴。〈カップの2〉は心が通い合う信頼関係を表すカードです。

愛のメッセージ

正位置

運命のお相手は必ずいます。もうすぐそこに……!

交際のスタートや、急接近のチャンスがあるときです。相思相愛で心が通じ合うことを実感できるでしょう。運命的なお相手との出会いもあるかもしれません。

逆位置

焦らずにときを待って。素直な心を伝えましょう

誤解によるすれ違いが起きてしまいそうです。疑心暗鬼になることで悪循環に陥ります。先入観を持たずに、お相手と素直に対話することを心がけましょう。

愛のキーワード

出会い	片思い	カップル	結婚
順調に進む、深い愛の予感	相思相愛、復縁、理想の人	深い繋がり、かけがえのない相手	永遠の愛を誓う、妊娠

カップの 3
THREE OF CUPS

カップを掲げて楽しげに踊る三人の乙女たち。周りにはみずみずしい果実が実り、豊穣を祝福している様子がわかります。〈カップの3〉は、仲間との喜びをわかち合うことや、協力、共感を表すカードです。

〔 愛のメッセージ 〕

正位置

" 周囲の人々との繋がりから、祝福された愛が生まれる予感! "

友だち関係から恋への発展、フレンドリーなお相手との出会いがありそう。また、周囲の人が協力やグループ交際など、第三者の存在が進展の鍵になりそうです。

逆位置

" あなたが求めているものは、ここではないどこかにあります。"

現状に妥協し、発展性のない恋や友だち同士の馴れ合いに浸ってしまうとき。一時的には楽しめますが、成長には繋がりません。そこから脱する勇気を持って。

〔 愛のキーワード 〕

出会い	片思い	カップル	結婚
友だち以上、社内、友だちの協力	意気投合、フレンドリー	グループ交際、オープンにする	前向きに進む

カップの 4
FOUR OF CUPS

三つのカップを前に、退屈そうに座る男の姿。雲から伸びた手がもう一つの聖杯を差し出していますが、彼の目には入っていません。現状に嫌気が差して不満が募り、無気力になっている状態を表すカードです。

〔 愛のメッセージ 〕

正位置

" 新しいことに挑戦しませんか? 愛を発見するかもしれません "

倦怠期に陥りそうです。お相手への不満が募り、物足りなさを感じてしまいそう。いい面を見つめたり、二人で新しいことを始めたりするといいでしょう。

逆位置

" 周囲への感謝を忘れなければ、大きな愛がやってきます "

ためらいが消え、現状を変えようという意思が湧いてくるとき。周囲への感謝を忘れず一歩踏み出してみれば、新しい愛のチャンスが訪れるかもしれません。

〔 愛のキーワード 〕

出会い	片思い	カップル	結婚
迷い、現状への不満	気分屋、そんなに好きではない相手	マンネリ感、刺激のない交際	盛り上がらない

カップの 5
FIVE of CUPS

倒れたカップを前に、がっくりと肩を落とす黒いマントの男。背後に二つも残っていることには気づいていないようです。〈カップの5〉は喪失を象徴するカードですが、残された希望があることも表します。

━━(愛のメッセージ)━━

正位置

❝すべてを失ってはいないはず。
希望に目を向けましょう❞

恋人との別れや、お相手への期待外れを感じるとき。後悔や喪失感に苛まれますが、希望はまだ残されているはず。気づけるかどうかが運命の分かれ目です。

逆位置

❝心機一転、新たな道を進んで。
壁を乗り越えたあなたは美しい❞

残された希望や、失ったからこそ学んだことを胸に、新たな道へ向かって動き出せるとき。喪失の経験を糧にして、これまで以上に幸せな恋の道が拓けるはず。

━━(愛のキーワード)━━

出会い	片思い	カップル	結婚
後ろ向き、消極的になる	後悔、期待外れ、片思い	ストレス、妨害、障害がある	結婚に適さない時期

カップの 6
SIX of CUPS

小さな女の子に、花の入った聖杯を手渡す男の子。微笑ましい光景には、どこかノスタルジックな雰囲気が感じられます。〈カップの6〉は無邪気な童心や、過去に関する出来事や人物を表すカードです。

━━(愛のメッセージ)━━

正位置

❝無邪気なあなたの姿が魅力的。
心のままに振る舞って❞

純粋な恋心を抱きそう。幼なじみや旧友といった過去の縁も繋がりやすく、復縁の可能性もあるでしょう。飾らない無邪気な態度がお相手の心を引き寄せます。

逆位置

❝古傷は癒され始めています。
今この瞬間を見つめて❞

過去の恋に囚われやすいとき。お相手への依存もしがちに。感傷に浸るのはやめて、新しい出会いや他の楽しみを見つけ、ネガティブな思いに区切りをつけて。

━━(愛のキーワード)━━

出会い	片思い	カップル	結婚
なぜか懐かしい、無邪気な人	初恋を思い出す、初々しい、復縁	甘酸っぱい恋、家族のような絆	愛情がすくすく育つ

カップの 7

SEVEN of CUPS

さまざまな宝物が入ったカップに、男が心を奪われている様子です。しかしカップがあるのは雲の上。果たしてこれは現実なのでしょうか？〈カップの7〉は、夢や妄想、また現実逃避を表すカードです。

――――(愛のメッセージ)――――

正位置

"ロマンティックな甘い恋の夢。醒めるまで楽しみましょう！"

手の届かない人に恋をしたり理想が高まったりするとき。現実的な進展はしませんが、空想を楽しめそうです。ただし、お相手に理想を押しつけるのはやめて。

逆位置

"恋の空想から目醒めたあなた。現実の世界を進みましょう"

現実を見つめて動き出そうとするとき。妄想を断ち切ったり、お相手への幻想が崩れたりすることもありそう。これを機に、進むべき道を歩んでいきましょう。

――――(愛のキーワード)――――

出会い	片思い	カップル	結婚
恋に恋している	恋愛ゲーム、耳年増、高い理想	理想の押しつけ、現実とのギャップ	実現に至らない

カップの 8

EIGHT of CUPS

積み上げられたカップを背に、立ち去ろうとする男。先は険しい山ですが、男は新たな旅立ちを決意したのでしょう。〈カップの8〉は現状に区切りをつけて、次へ向かっていこうとする状況を表しています。

――――(愛のメッセージ)――――

正位置

" 愛することは尊いこと。経験を糧に新たな道へ進んで"

別れの決心がつきやすいとき。心変わりをしたり、未練を立ち切れたりすることも。悲しいことではなく、成長によって方向の転換が必要になったと考えて。

逆位置

" 前向きな心があれば、事態は好転していきます"

すでに手放したものへの思いが沸き起こりやすいとき。別れたお相手に未練を感じたり、改めて魅力を感じたりすることも。再挑戦する価値はありそうです。

――――(愛のキーワード)――――

出会い	片思い	カップル	結婚
次なるステップ	心変わり、テンションが下がる	距離を置く、前向きな別れの決意	違和感のある結婚

カップの 9
NINE OF CUPS

たくさんのカップを背に座る男の姿。満足気な表情であることからも、彼が心身ともに充実感を得ていることがわかります。〈カップの9〉は、願望の成就や欲しいものを手に入れる状況を意味するカードです。

〔愛のメッセージ〕

正位置

“ あなたの願いがまさに叶うとき。魔法使いはあなたの味方です! ”

心が満たされそう。片思いの成就や、理想的な人や裕福な人との出会いにも恵まれるでしょう。余裕のある態度が、あなたをさらに魅力的に見せます。

逆位置

“ あなたは恵まれています。手にしているものを愛して ”

すでに恵まれているはずなのに、ないものねだりになりがち。傲慢な態度はお相手を遠ざけることにも繋がります。今ある幸せに目を向け、大切にしましょう。

〔愛のキーワード〕

出会い	片思い	カップル	結婚
理想の人、成就する恋	魅力、相思相愛、本気のアプローチ	念願叶う、同棲、幸せにしたい	理想的な結婚

カップの 10
TEN OF CUPS

青空にかかる虹と輝くカップの下には、幸福そうな家族の姿が。夫婦は仲睦まじく、子どもたちは楽しそうに遊んでいます。〈カップの10〉は、平穏な幸せが続いていくことや、家族、仲間との繋がりを表します。

〔愛のメッセージ〕

正位置

“ 居場所が見つかるとき。包まれるような幸運を噛み締めて ”

心から恋の幸せを感じられるとき。お相手との関係に安心感が生まれ、結婚に繋がることも。「この人のそばにいたい」という居場所を見つけられるでしょう。

逆位置

“ 退屈に感じるなら、そばにある幸せを数えてみて ”

倦怠期に陥りそう。お相手への新鮮味やありがたみが薄れ、一緒にいて退屈に感じることも。でも、その幸せはかけがえのないものであることを忘れないで。

〔愛のキーワード〕

出会い	片思い	カップル	結婚
幸福感の高い恋	価値観の一致、経済的余裕がある	結婚前提の交際、あげまん	プロポーズは秒読み

カップの ペイジ
PAGE of CUPS

少年が手に持つカップからは魚が顔を覗かせ、まるで見つめ合っているようです。背後の海は、彼の優しさと豊かな想像力の象徴。〈カップのペイジ〉は、物事を受け入れる柔軟さと感受性を表すカードです。

PAGE of CUPS.

── 愛のメッセージ ──

【正位置】
"新鮮な恋が近づいています。大切にされる喜びを味わって"

ロマンティックな恋が始まる予感。人当たりのいい相手との縁が繋がりやすいとき。穏やかで癒し系の態度を心がけると、お相手の目に魅力的に映りそうです。

【逆位置】
"精神的に自立することによって、ふさわしい人と出会えるはず"

依存心や甘え心が芽生えがち。また、そのような人との縁が芽生えやすいときでもあります。将来性のある恋のためにも、自分に厳しくする心を持ちましょう。

── 愛のキーワード ──

出会い	片思い	カップル	結婚
新鮮な恋、愛想のいい人	ほのかな好意、容姿端麗	ロマンティック、予測できない恋	焦らずに準備を進める

カップの ナイト
KNIGHT of CUPS

馬に乗った騎士がカップを手に、小川のほとりを進んでいきます。その穏やかな顔つきは争いとは無縁に思えます。〈カップのナイト〉は優しさや理想を象徴し、ロマンティックな展開や人物を表すカードです。

KNIGHT of CUPS.

── 愛のメッセージ ──

【正位置】
"ドラマティックな展開の予感。そのまま受け取りましょう"

理想的な恋の展開が期待できそう。大胆なアプローチを受けたり、人気のあるお相手との縁ができたりするでしょう。嬉しいことは、疑わずにそのまま喜んで。

【逆位置】
"優柔不断な態度は禁物。断ち切る強さも必要です"

感情に流されやすいとき。その場の空気でなんとなく返事をしたり、不誠実な対応をしてしまったりするかも。よく考えたうえであなたの答えを出しましょう。

── 愛のキーワード ──

出会い	片思い	カップル	結婚
ドラマティックな展開	告白、王子様、映画のような恋	羨まれる関係、イチャイチャ	夢のようなプロポーズ

カップの
クイーン
QUEEN of CUPS

豪奢なカップをじっと見つめ、水辺の椅子に腰掛ける女王。その横顔は、本質を見極めようとしているようにも見えます。〈カップのクイーン〉は献身的な愛情や、平和を愛する穏やかな心を表すカードです。

QUEEN of CUPS.

――― 愛のメッセージ ―――

正位置
" あなたの慈悲の心は、
お相手の心を癒やすでしょう "

お相手を包み込むように愛することで、関係が進展しやすいでしょう。精神的な結びつきを大切にしたいとき。心からあふれる愛が、お相手の心を安らげます。

逆位置
" 豊かな感受性で情が深いあなた。
冷静になることも忘れないで "

気持ちが不安定になったり、依存心が高まったりしそう。愛が過剰になり親切心がお節介ととられてしまうことも。ときには気持ちを抑え、見守ることも大切です。

――― 愛のキーワード ―――

出会い	片思い	カップル	結婚
信頼、 安らぎに満ちた恋	女性らしい魅力、 恋で頭がいっぱい	深く愛する、 無条件の愛	期待どおりの展開

カップの
キング
KING of CUPS

大海原を背に、カップを手にした王が玉座に腰掛けています。彼は海のように広い心を持ち、温厚で心優しい人物です。〈カップのキング〉は寛大さや安心感、面倒見のいい人物や行動を表すカードです。

KING of CUPS.

――― 愛のメッセージ ―――

正位置
" 自然体なあなたの姿に、
不思議とお相手も癒やされます "

お相手のサポートをすることで愛が深まりそう。穏やかで父性の強い男性との縁も繋がりやすいときです。リラックスした態度が、恋にいい影響を及ぼします。

逆位置
" 思いやる優しさがあれば、
いつでも二人は改善できます "

自己中心的な感情が高まります。人を利用したり、欲に流されたりしてしまいやすく、八方美人にもなりがちに。お相手への思いやりを忘れないでください。

――― 愛のキーワード ―――

出会い	片思い	カップル	結婚
心の支え、 相談に乗る	温厚で優しい、 成熟した年上の人	包容力がある、 同棲、結婚前提	愛に包まれた 幸せな結婚

ソードの A
ACE OF SWORDS

ソードの先には、勝利を表す王冠が掲げられています。背後の山々は厳しい道のりの象徴。〈ソードのA〉は、挑戦心や困難に打ち勝つ精神力、自分の力で道を切り拓いていく行動力を表すカードです。

ACE of SWORDS.

― 愛のメッセージ ―

正位置

" 理想の恋愛を掴むときです。
思い切り幸せを感じて ,,

相手に近づきたい、ライバルに負けたくないという思いが強くなるとき。積極的な行動が運を掴みます。曖昧な関係や状況を断ち切るタイミングでもあります。

逆位置

" いつもは聡明なあなた。
感情的になったら深呼吸を ,,

感情が先行して、つい乱暴になったり強行突破したりしてしまうとき。お相手の気持ちを無視した行動をとってしまうことも。トラブルになりかねないので注意。

― 愛のキーワード ―

出会い	片思い	カップル	結婚
洗練された恋	近づきたい、心が読みづらい	ライバルに勝つ、積極的な姿勢	冷静に判断、落ち着いて進める

ソードの 2
TWO OF SWORDS

夜の海を背に、2本のソードを交差させる女性の姿。彼女が目隠しをしているのは、何か目を背けたいものがあるのでしょうか。〈ソードの2〉は、表面的な調和を保ち、バランスを取ることを表すカードです。

― 愛のメッセージ ―

正位置

" 今は決断を急ぐより、
自分の本音を知るときです ,,

関係の変化を恐れて恋心を隠してしまいそう。お付き合いしている場合も、本音を言わずに関係を保とうとするとき。バランスを取りながら心と向き合って。

逆位置

" 向き合うべきはあなたの心。
怖がらず見つめて ,,

保っていた均衡が崩れ始め、現実に向き合うべきときが来ています。適当に流したり後回しにしたりすると後に響きます。問題の本質を見つめて解決しましょう。

― 愛のキーワード ―

出会い	片思い	カップル	結婚
選択しなければいけないこと	葛藤、自信喪失、気持ちを隠す	現状維持、お付き合いの継続	無理に進めない

ソードの 3
THREE of SWORDS

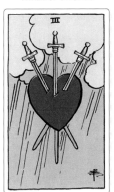

心を表すハートに、鋭い3本のソードが突き刺さっていて、激しい雨は涙のようにも見えます。〈ソードの3〉は傷つくような出来事やショックな言葉によって、心に痛みが生じることを表すカードです。

――― 愛のメッセージ ―――

正位置
" 深く傷ついた心を癒して。
乗り越えれば祝福を手にします "

失恋や別れ、ケンカなど恋に関するトラブルが起きそう。強いショックで胸が引き裂かれる思いをするかもしれませんが、乗り越えた先に幸せがあるはず。

逆位置
" 心の鎖を断ち切ることも大切。
冷えたハートを温めましょう "

心の痛みを引きずり、なかなか立ち直れない状況です。状況を飲み込めず、ただ混乱しているという場合も。自分の気持ちを整理し、まずは痛みを受け止めて。

――― 愛のキーワード ―――

出会い	片思い	カップル	結婚
不調和、後ろ向きになる	劣等感、失恋、強い嫉妬	ショックなこと、激しいケンカ、別れ	決断は見送って

ソードの 4
FOUR of SWORDS

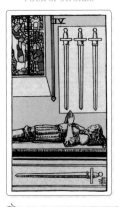

静かな墓地で、騎士の彫像が横たわっています。使われていない状態のソードは、戦いの前の一時的な休息を意味しています。張り詰めた状態から抜け出して、静かに休養を取ることを表したカードです。

――― 愛のメッセージ ―――

正位置
" 今は一人の時間を大切に。
機会はきっとやって来ます "

一人で過ごすことでリフレッシュできるとき。お相手とあえて距離を置くことがプラスに働きそう。出会いを求めて頑張っている人も、今は立ち止まってみて。

逆位置
" チャンスのときがきました。
積極的に動きましょう "

充電が完了して動き出せるとき。恋へのやる気も満ちてくるはず。保留にしていた問題があったら、今こそ向き合いましょう。スムーズに解決へ向かうはず。

――― 愛のキーワード ―――

出会い	片思い	カップル	結婚
小休止	停滞、休息	充電期間、そっとしておく	進みづらいとき

ソードの 5
FIVE OF SWORDS

にやりと笑う男の目線の先には、戦いに敗れて肩を落とす人の姿が。彼は強引な手段で勝利を収め、敗者のソードを勝ち取ったようです。〈ソードの5〉は手段を選ばない強引さや、狡猾な手口を表すカードです。

愛のメッセージ

正位置
"自分に恥じない行動をすれば
愛の女神はあなたに微笑みます"

相手をモノにしたいという気持ちが強くなり、嘘や駆け引きを利用しがちなとき。強引な手段でうまくいっても、敵を作ったり誰かを傷つけたりする結果に。

逆位置
"違和感があれば直感に従って。
自分の心を守りましょう。"

裏切りや嘘、利用されるような状況で傷つくことになりそう。恋人を奪われてしまう可能性も。周りの言葉を鵜呑みにせず、油断をしないで注意を払いましょう。

愛のキーワード

出会い	片思い	カップル	結婚
戦略的な誘い、誹いや揉め事	神経質、横恋慕、駆け引き	自分本位な相手、独占欲が募る	折り合いが悪い

ソードの 6
SIX OF SWORDS

船頭が漕ぐ小舟に、周りをソードで囲まれた母と子が乗っています。行く先に波はなく、船は順調に進んでいけるでしょう。〈ソードの6〉は、方向転換や環境の変化、また協力者の登場を表すカードです。

愛のメッセージ

正位置
"あなたにふさわしいものは
必ずあるはずです"

苦しい状況や迷いから抜け出し、明るい方向へ迎えそう。その先で新たな出会いがあるかもしれません。今のお相手に見切りをつけて、次に進むという意味も。

逆位置
"本当に変化を望むのなら、
覚悟を決めましょう"

苦しい状況からなかなか抜け出せず、行き詰まってしまいそう。関係の泥沼化を意味することも。本当に現状を変えたいのならば、苦しくても意を決して行動を。

愛のキーワード

出会い	片思い	カップル	結婚
転換期	迷いが消える、進展の兆し	協力関係、旅行デート	人生の旅をともに進む

ソードの 7
SEVEN of SWORDS

周囲を警戒しながら、抜き足差し足でソードを運ぶ男。背後の建物からこっそり盗み出したのでしょうか。〈ソードの7〉は、非道徳的な方法で利益を得ることや、公にできない行動を意味するカードです。

― 愛のメッセージ ―

正位置

" 正々堂々とした生き方をすれば
太陽が降り注ぎ愛に恵まれます "

うまく立ち回ろうと、嘘や駆け引きを利用してしまうとき。浮気や二面性のある人物という意味も。お相手に知られたくないような不誠実な行いは控えましょう。

逆位置

" 誘惑に負けず、毅然とした
態度のあなたは美しい "

倫理的に正しい道を選べるときです。警戒心が高まり、周囲の悪意や画策にもすぐに気がつけそう。胸を張って、自分にとっていいと思う選択をしましょう。

― 愛のキーワード ―

出会い	片思い	カップル	結婚
違和感、怪しい人	駆け引き、誘惑、三角関係	隠し事、浮気、不倫	真の愛か確かめる必要

ソードの 8
EIGHT of SWORDS

目隠しをされ縛られた女性。身動きが取れないように見えて、足元は自由であることがわかります。〈ソードの8〉は忍耐を強いられる状況を表しますが、自分の行動次第でそこから抜け出せることも意味します。

― 愛のメッセージ ―

正位置

" あなた次第で好転します!
見たい世界を見る力があるはず "

自分の気持ちを口にできず、お相手の言いなりになってしまいそう。束縛に苦しむことも。それでも、覚悟を決めて行動すれば状況は変えられるはず。

逆位置

" 自分自身を解放してあげて!
あなたの軸を思い出しましょう "

束縛から解放されたり、思い込みから抜け出せたりするとき。真実に気がついて答えを見つけられるかもしれません。自分の意思で動き出せるでしょう。

― 愛のキーワード ―

出会い	片思い	カップル	結婚
不安や葛藤、動けない	避けてしまう、合わせすぎる	束縛、連絡不精、被害者意識	膠着状態

ソードの 9
NINE of SWORDS

暗闇の中、ベッドの上の女性が嘆くように顔を覆っています。不安で眠れない夜を過ごしているのか、悪夢で目が覚めたのかもしれません。〈ソードの9〉は、苦悶や絶望、後悔に苛まれる状況を表すカードです。

〔 愛のメッセージ 〕

正位置

" とことん落ち込んでも大丈夫。明るい光が必ず差し込みます "

取り返しのつかない状況に苦しみそう。自分の言動を後悔したり、自分自身を必要以上に責めたりしてしまうことも。それでも明るい朝は必ずやってきます。

逆位置

" 問題から目を逸らさないで！解決の糸口はすぐそこに "

客観的に問題と向き合うことで、解決のヒントが見つかるとき。囚われていた不安や被害妄想から抜け出すことができそうです。明るい兆しが見えています。

〔 愛のキーワード 〕

出会い	片思い	カップル	結婚
ネガティブ、最初から諦める	心が傷つく、後悔、失敗、絶望	将来が見えない、悲観的、不安	焦らないでポジティブに

ソードの 10
TEN of SWORDS

横たわる人の背に、10本ものソードが突き立てられています。絶望的な光景ですが、空には太陽が昇ろうとしています。望んだ結果が得られなくとも、苦しい状況が一旦終了することを表すカードです。

〔 愛のメッセージ 〕

正位置

" 心の傷と向き合い克服すれば祝福が再び訪れます "

失恋や別れなど、恋の結末を迎える予感。諦めの気持ちが強くなりそう。痛みを受け入れ気持ちを整理することで、どん底の状況から這い上がるでしょう。

逆位置

" 一筋の光が差し始めています。あとは起き上がるだけ！ "

苦しかった状況は、すでに変わり始めています。光が差し込み、悲しみを忘れられるときです。区切りをつけて立ち上がれば、新たな流れが動き出すでしょう。

〔 愛のキーワード 〕

出会い	片思い	カップル	結婚
区切り、ピンチの中にある希望	悲劇のヒロイン、未練を感じる	距離ができる、痛みを受け入れる	困難な展開

ソードの ペイジ
PAGE of SWORDS

両手でソードを握り、辺りを見渡す少年。彼は用心深く周囲を警戒し、何かを探ろうとしているのでしょうか。〈ソードのペイジ〉は、注意深く状況を見定めようとしている様子や、分析力を表すカードです。

PAGE of SWORDS.

――――――― 愛のメッセージ ―――――――

【正位置】
自分の弱さを認めたとき、張り詰めたものが緩むでしょう

お相手とのコミュニケーションが盛んになるとき。会話やSNSでのやり取りをとおして、駆け引きを楽しめます。ただ警戒心も高まるので、戦略的になりそう。

【逆位置】
純粋に愛する気持ちを大切にしてください

脇の甘さから、期待していた結果が得られないかも。うっかり失言をしたり、計画どおりに進められなかったりすることも。軽率な発言には気をつけましょう。

――――――― 愛のキーワード ―――――――

出会い	片思い	カップル	結婚
戦略的、様子見、盛り上がる会話	傷つきたくない、駆け引き、警戒	ゆっくり親密に、程よい距離感	計画的に進める

ソードの ナイト
KNIGHT of SWORDS

騎士がソードを掲げ、猛スピードで白馬を走らせています。彼は勇敢で判断力があり、好戦的な人物です。〈ソードのナイト〉は、目標がどれだけ困難でも臆せず進む勇敢さと、計画的な行動を意味するカードです。

KNIGHT of SWORDS.

――――――― 愛のメッセージ ―――――――

【正位置】
勇気を持って前に進めるとき！迷わず理想を掴んで

積極的なアプローチをしたくなるとき。恋がスピーディーに進展します。アグレッシブでリードしてくれる人との縁も繋がりそう。この流れを止めないで。

【逆位置】
願望を叶えるためには、じっくり構えることも大切です

行動力が空回りして、トラブルを招いてしまう恐れが。強引な態度でお相手の気持ちを無視してしまいそうです。気が急いてしまうときこそ、着実な一歩を。

――――――― 愛のキーワード ―――――――

出会い	片思い	カップル	結婚
ノリがいい人、意気投合	出し抜く、積極的なアピール	トントン拍子、リードしていく	スピード婚

ソードの クイーン
QUEEN of SWORDS

ソードを垂直に持ち、凛とした表情で玉座に腰掛ける女王。彼女は情に流されない高潔さと冷静さを持つ人物です。〈ソードのクイーン〉は、鋭い観察力や状況を見定める知性、的確な判断を表すカードです。

QUEEN of SWORDS.

愛のメッセージ

正位置

" 思慮深く知的なあなた。
対話をとおして仲を深めて "

会話によって相互理解を深められるとき。知的な印象がお相手の心を惹きつけます。盛り上がりには欠けますが、落ち着いた大人の恋愛を楽しめそうです。

逆位置

" 感情的になってしまうときは
もう一人の自分と対話して "

ネガティブな感情が強くなり、つい批判的になるとき。お相手を必要以上に疑ったり、お高くとまって見られたりしてしまうことも。客観性を忘れないで。

愛のキーワード

出会い	片思い	カップル	結婚
共感できる、知的な会話	自立した大人、堅い人、緊張感	本心が見えない、穏やかな恋	結婚前提で着実に進展

ソードの キング
KING of SWORDS

正面を見据えて玉座に腰掛け、何かを思案する王。厳しいその表情からは、彼の厳格さや論理的な判断をくだすことのできる知性がうかがえます。〈ソードのキング〉は、賢明な判断力や強い正義感を表します。

KING of SWORDS.

愛のメッセージ

正位置

" 恋愛に臆病にならないで。
笑顔でいればうまくいきます "

知的なお相手との縁が繋がりやすいとき。お互いを尊重し合えるような、大人の恋が始まりそう。対等な関係を築けるときなので、将来についても考えられそう。

逆位置

" 完璧主義を捨てましょう。
お相手のテンポも尊重してみて "

お相手に対して威圧的になり、関係性が崩れてしまうかもしれません。自己中心的なお相手に振り回されてしまうという暗示も。寛容な態度を心がけて。

愛のキーワード

出会い	片思い	カップル	結婚
成熟した大人の恋愛	大人の男性、尊敬、憧れ	高め合う恋、相手のリード	理想的な結婚、協力し合う

ペンタクルの
A
ACE OF PENTACLES

神の手に乗せられた大きなペンタクル。その下に広がる美しい庭園は豊かさの象徴で、アーチの先に覗く山々はそこに辿り着くまでの道のりを表します。財産などの物質的な富や、安定と繁栄を表すカードです。

〔 愛のメッセージ 〕

【正位置】

"コミュニケーションを大切に、着実に愛を育てていきましょう"

幸福感に満たされる恋が芽生えそう。思いが実を結んだり、お相手との関係に発展性を感じられたりと恋の喜びに包まれるでしょう。信頼関係を築けるときです。

【逆位置】

"目の前の幸せに気づいて！フラットな視点を持ちましょう"

欲張りになっている様子。現状の幸せに満足できず、多くを求めすぎてしまいそう。築いてきた関係にひびが入る可能性もあるので、大切なものを見失わないで。

〔 愛のキーワード 〕

出会い	片思い	カップル	結婚
恋の芽生え、新しい恋	手応えを感じる、可能性のある恋	信頼関係、結婚前提	経済的安定、幸せな結婚

ペンタクルの
2
TWO OF PENTACLES

男が踊りながら、二つのペンタクルを華麗に操っています。バランス感覚に優れた彼は曲芸師です。〈ペンタクルの2〉は物事に臨機応変に対応する柔軟性や、やりくり上手で器用な人物を表しています。

〔 愛のメッセージ 〕

【正位置】

"恋愛以外のことも楽しんで人生をエンジョイしましょう"

気楽に恋を楽しめるでしょう。バランス感覚が優れるときなので、趣味や仕事にも打ち込めそう。楽しませてくれるお相手との縁も繋がりやすいときです。

【逆位置】

"何よりも誠意ある対応が信頼関係を築きます"

いい加減な気持ちや態度が不和を招くとき。振られた会話にうまく答えられなかったり、場を盛り下げたりしてしまうことも。何事も丁寧な対応を心がけて。

〔 愛のキーワード 〕

出会い	片思い	カップル	結婚
ノリがいい、フレンドリー	サービス精神、マメに会える	バランスがいい、面白いデート	未来のことより今を楽しむこと

ペンタクルの 3
THREE OF PENTACLES

一人の職人の腕が周囲に認められ、任された仕事を全うする姿が描かれています。〈ペンタクルの3〉は、努力により培った技術力が認められる状況や、実力によって得られるチャンスを表すカードです。

愛のメッセージ

正位置

❝ **お互いに成長し合える恋！努力するあなたは輝いています** ❞

仕事関係で恋が始まる予感。真面目で才能のある人と縁が繋がりやすいとき。頑張る姿がお相手を惹きつけたり、逆にそんな姿に惹きつけられたりしそう。

逆位置

❝ **あなたの気持ちを共有すれば心の距離が縮まります** ❞

経験や努力の不足から、なかなか物事がうまく進みません。あなたの思いがうまくお相手に伝わらないこともありそうです。伝える努力と誠意を見せて。

愛のキーワード

出会い	片思い	カップル	結婚
仕事がきっかけ、チームワーク	地道に進める恋、職場恋愛	結婚前提、真面目で誠実	金銭的に支え合える

ペンタクルの 4
FOUR OF PENTACLES

ペンタクルをがっしりと抱え込んだ男の姿。男は裕福ですが、手にした財産を失うまいという姿勢からは強欲ささえ感じられます。執着や所有欲、築いてきた基盤を守り抜こうとする状況を表すカードです。

愛のメッセージ

正位置

❝ **手にした宝物を抱きしめて。愛するほどさらに輝きます！** ❞

今ある縁を大切にしたいとき。お相手を手放したくない思いが強まり、同棲や結婚に発展するかも。経済力のある人や、安定した基盤を持つ人との縁も。

逆位置

❝ **怖がらないで大丈夫。心を通い合わせましょう** ❞

お相手への執着心が募り、嫉妬や周囲への警戒が過剰になるとき。お相手を失うことへの不安に囚われてしまうかも。束縛よりも、お相手を信じる心を大切に。

愛のキーワード

出会い	片思い	カップル	結婚
慎重派、安定志向の相手	警戒心、嫉妬、心を開かない	束縛、同棲、ステータス	倹約家、生活水準が高い

ペンタクルの 5

FIVE OF PENTACLES

吹雪の中を歩く、貧しい身なりの人物。教会の明かりに気づいていないのか、またはあえて施しを求めることを選ばないのかもしれません。心身ともに厳しい状況に追い込まれることを表すカードです。

―――― 愛のメッセージ ――――

正位置

❝ 苦しみには終わりがあります。自暴自棄にならないで！ ❞

恋以外の状況が困難になって恋をする余裕がない、もしくは依存や諦めといった虚しい恋を表します。金銭的に苦しくデートや結婚が難しい場合もありそう。

逆位置

❝ 今こそ支え合うとき。必ず乗り越えられます ❞

厳しい状況から抜け出す道筋を見つけられるとき。お相手と助け合うことができそうです。ともにピンチを切り抜ければ、二人の絆もいっそう強くなるはず。

―――― 愛のキーワード ――――

出会い	片思い	カップル	結婚
困難	経済的に恋愛の余裕がない	依存関係、好意が薄れる	金銭的余裕がない

ペンタクルの 6

SIX OF PENTACLES

慈善家が貧しい人々に施しを与えています。彼は相手に必要な分のペンタクルを天秤ではかったうえで、公平に分配しているのです。平等性や人からの援助、またギブアンドテイクという意味を持つカードです。

―――― 愛のメッセージ ――――

正位置

❝ あなたは幸せになるべき人。与えられる喜びに浸って ❞

尽くし尽くされる恋を楽しめるとき。お互いを労わり合うことで充足感を味わえます。経済的にも余裕が持てそうです。お相手と共通の趣味を楽しめることも。

逆位置

❝ 見返りを期待せず純粋な思いを大切にしましょう ❞

尽くした見返りを求め、結果に不満を覚えそう。思いが一方的になり、過剰な束縛や必要以上にお相手へ貢いでしまう可能性も。客観的に関係性を見直してみて。

―――― 愛のキーワード ――――

出会い	片思い	カップル	結婚
親しみやすい、共通の趣味がある	尊敬できる人、ギブアンドテイク	プレゼント、尽くされる充足感	玉の輿、婚期

ペンタクルの 7
SEVEN OF PENTACLES

実ったペンタクルを不満気な表情で眺める農夫。費やしてきた労力に比べて、この収穫量に納得できていない様子です。〈ペンタクルの7〉は理想と現実のギャップや、状況を見直す必要性を表すカードです。

愛のメッセージ

正位置

" 本当はどうしたい？
自分に問えば答えが見つかるはず "

お相手への小さな不満が募ったり、発展しない関係性に立ち止まったりしそう。現状を把握して見直しや話し合いを行えば、将来を考えるきっかけになります。

逆位置

" 柔軟な気持ちで、
行動を見直してみましょう "

問題を解決しようとせず、投げやりになるとき。不満が増えてネガティブな思考に陥ると悪循環になりそう。悪い流れを断ち切るには、発想の転換が必要です。

愛のキーワード

出会い	片思い	カップル	結婚
友だちから関係が進まない	曖昧な関係、相手の反応が薄い	理想と現実のギャップ	ステップアップ、会話を増やす

ペンタクルの 8
EIGHT OF PENTACLES

ペンタクルを作る作業に勤しむ職人。高く積み上げられたペンタクルは、彼の努力の象徴です。〈ペンタクルの8〉は、目標達成のための地道な努力や、忍耐や集中力によって実力を磨くことを表すカードです。

愛のメッセージ

正位置

" 自分磨きをすることで、
チャンスを得られるときです "

地道なアプローチと自分磨きのタイミングです。なかなか結果に繋がらなくても、ここでの努力が後に影響を及ぼしそう。硬派な人との縁も繋がりやすいとき。

逆位置

" あなたはまだ頑張れるはず。
言葉を通わせて進みましょう "

根気が続かず、脈を感じられないとすぐに諦めたくなりそう。移り気になったり、中途半端な態度を取ってしまったりすることも。まだ努力する価値はあるはず。

愛のキーワード

出会い	片思い	カップル	結婚
ゆっくり進展、ほのかな恋心	誠実、硬派、地道なアピール	頼りになる、一途な気持ち	基盤を作る、建設的な話し合い

ペンタクルの 9
NINE OF PENTACLES

豊かな庭園の中、裕福な女性がたくさんのペンタクルを背に立っています。彼女が手懐けるハヤブサは知性と想像力の象徴。〈ペンタクルの9〉は、実力で成功を勝ち取る状況や望みを叶えることを表します。

――(愛のメッセージ)――

正位置

" キラキラ輝いています。
幸運をしっかり掴みましょう! "

あなたの魅力が高まるとき。アプローチや告白をされるなど、愛される実感を得られそう。自慢できるお相手との縁も繋がり、玉の輿のチャンスに乗れるかも。

逆位置

" 大切なものを忘れないで。
本質を見極めましょう "

打算的になった結果、見放されてしまう可能性が。条件やお相手の地位にばかり目が行きがちなのかも。本当に求めているものは何か、自分の心を見つめ直して。

――(愛のキーワード)――

出会い	片思い	カップル	結婚
一目惚れされる	華やかで魅力的、モテる人、告白	溺愛される、プレゼント攻撃	裕福、女性優位、嬉しいプロポーズ

ペンタクルの 10
TEN OF PENTACLES

立派な屋敷に暮らす家族が描かれています。築かれてきた豊かな富は、若い世代へと継承されていくのです。〈ペンタクルの10〉は、家族や繁栄、伝統やスキルが継承されていくことを意味するカードです。

――(愛のメッセージ)――

正位置

" ともに歩める人と出会えそう。
安らぎの場所はすぐそこです "

家族のように親しみを感じるお相手との縁が繋がりやすいとき。カップルは家族に関係を認めてもらえるかも。同棲や結婚など、家庭に繋がる発展もありそう。

逆位置

" 違和感があるときは
歩み寄ることが大切です "

家庭や金銭的な問題が恋の障害になりそうなとき。先行きが怪しくなり、結婚への道が遠のいてしまうかも。二人の間でのすり合わせと対話が肝心です。

――(愛のキーワード)――

出会い	片思い	カップル	結婚
親しみを感じる	友だちのような恋、男女を超えた友情	結婚前提、同棲、家族ぐるみ	幸せな結婚、家族が増える

ペンタクルの ペイジ
PAGE of PENTACLES

ペンタクルを大事そうに抱える少年。その熱心な姿から、彼が誠実で勤勉な人物であることがわかります。〈ペンタクルのペイジ〉は、地道な努力によってもたらされる成功や、真摯な姿勢を表すカードです。

PAGE of PENTACLES.

愛のメッセージ

正位置
" じっくり自分に向き合えば、
お相手からも大切にされます "

じっくりと時間をかけて深めていく恋の予感。真面目で慎重な人と縁がありそう。もどかしく感じるかもしれませんが、堅実で将来性のある恋が育ちそうです。

逆位置
" 時間は有限で尊いもの。
費やすべき対象を見定めて "

進歩のない恋に時間を費やしてしまいそう。マイペースになりすぎて、恋のチャンスを逃してしまうことも。一度自分のスタンスを見直したほうがよさそう。

愛のキーワード

出会い	片思い	カップル	結婚
ゆっくり進む、もどかしい恋	恋心を持たれる、若い印象の男性	真面目な交際、将来有望	着実に進む

ペンタクルの ナイト
KNIGHT of PENTACLES

金貨を抱えた騎士が黒馬にまたがり、遠くを見つめています。彼の姿からは、焦りや慢心は感じられません。〈ペンタクルのナイト〉は慎重に物事をやり遂げる粘り強さや、責任感を意味するカードです。

KNIGHT of PENTACLES.

愛のメッセージ

正位置
" 秘めた思いが前進しています。
愛を信じましょう "

シャイなお相手と縁がありそう。すぐには発展しませんが、着実に前進していくでしょう。片思いでも諦めずに思いを温めるとき。地に足の着いた恋愛です。

逆位置
" 歩みを止めないで!
その先に違う未来があります "

慎重になりすぎてしまい、事態が停滞してしまいそう。変化を恐れる反面、マンネリ化した現状に嫌気が差しそうです。流れに乗り遅れてしまうかもしれません。

愛のキーワード

出会い	片思い	カップル	結婚
真面目にコツコツ	シャイな人	将来を見据える、責任感	現実的に進む

ペンタクルの
クイーン
QUEEN of PENTACLES

玉座に腰掛けた女王が、膝の上のペンタクルを見つめています。背後には豊かな自然が実り、安定した基盤があることを表しています。すべてを受け入れる包容力や、穏やかさと堅実性を意味するカードです。

QUEEN of PENTACLES.

愛のメッセージ

正位置

❝ **さりげない魅力が光るとき。無理なくあなたらしくいて** ❞

気遣いや面倒見のよさがお相手の目に魅力的に映ります。母性的な一面を見せると関係が深まりそう。良妻賢母のイメージから、結婚にも繋がりやすいときです。

逆位置

❝ **受け入れすぎていませんか？まずは自分に愛を与えて** ❞

お相手を受け入れる姿勢が過剰になり、お母さんのようになってしまいそう。都合のいい関係という意味もあります。関係の堕落に陥らないように注意して。

愛のキーワード

出会い	片思い	カップル	結婚
穏やかな愛情	癒し系、母性、面倒見がいい	安心感、同棲、あなたに甘えたい	結婚を視野に入れる

ペンタクルの
キング
KING of PENTACLES

悠々とした態度で玉座に腰掛ける王。彼は地道な努力の末、社会的な地位を築いた実力者です。〈ペンタクルのキング〉は、積み重ねた実績により財産や欲しいものを手にすることを表したカードです。

KING of PENTACLES.

愛のメッセージ

正位置

❝ **困難を乗り越えたあなたは、大きな愛を受け取れるはず** ❞

わかりやすいアピールが功を奏するとき。経済力のあるお相手との縁や結婚の話が舞い込んでくる可能性も。信頼し合えるお相手と未来に繋がる出会いがあるかも。

逆位置

❝ **恥ずかしがらないで！あなたの魅力を全開に** ❞

周囲からとっつきにくい印象を抱かれてしまいそうです。うまく自分自身をアピールすることができず、不完全燃焼な思いをするかも。肩の力を抜きましょう。

愛のキーワード

出会い	片思い	カップル	結婚
余裕がある、建設的	率直なアピール、裕福、尊敬	リードされる、包容力、誠実	結婚へ、祝福、長年連れ添う

miminekoが教えます！

リーディング上達のコツ①

リーディングにあたって、初心者の方がぶつかりがちな壁についてお答えします。

◆◆◆◆◆◆◆◆◆

カードの意味が覚えられない！

　初心者の方は、78名の知らない人々と一気に出会ったのと同じなのですから無理もありません。そういった場合には、身近なものをカードでたとえる練習を。たとえば「包容力があるあの人は〈カップのキング〉っぽい！」、「あの物語で主人公が認められる場面は〈ペンタクルの3〉みたい！」など。カードへのイメージを膨らませることで、あなたなりの意味で覚えられるようになりますよ！

カードが何を表すかわからない！

　どんな悩みを何のスプレッドで占うかにもよりますが、たとえば「近未来」の位置に出たカード1枚をとっても、それをそのまま未来の事実として受け取ることも、未来のあなたの気持ちとして受け取ることも、未来へのアドバイスとして受け取ることもできますよね。つまり読み解き手の解釈次第ですから、自由にあなたのインスピレーションで捉えていいんです！

複数枚の意味を繋げられない！

　1枚1枚のキーワードが断片的でうまくリーディングできない……そんなときはそれぞれのカードをマンガの一コマのように捉え、創造力を膨らませて一つの物語に仕立てていきましょう。カードの共通点を探したり、キーワードから連想して情報を肉付けしたりして、カードとカードの間の文脈を読む練習をしてみてください。慣れると展開したカードが一つの流れとして見えてきますよ！

スプレッドが覚えられない！

　最初はスプレッドを丸暗記せずとも、本を開きながらカードを配置していくのでもOKです！　ただし、スプレッドを覚えなくてももちろん占うことはできますが、覚えていたほうがスムーズに占えるのは確か。その分リーディングに集中できるので、カードを開いたときに受けるインスピレーションを察知しやすいはず。覚えるには練習あるのみなので、経験を重ねていきましょう♪

あなたのお悩みを
占ってみましょう

ここからはいよいよ実践編です。
占うにあたっては、その前の準備が大切です。
また、7種類のスプレッドを紹介しておりますので、
ご自身のお悩みに合ったものを探して、
挑戦してみてください。

占う手順

まずはカードを準備することから始めましょう。すでにお持ちのタロットカードがあるという方も、その扱い方法や、カードと接する心構えについて確認してみてくださいね。

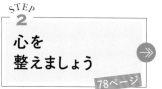

占う前には、あなたの心と占う場を整えることが大切です。タロットは見えない世界と繋がる占いであり、集中力が必要とされるからです。あなたに合った方法を見つけましょう！

タロット占いのコツは質問の作り方にあります。漠然とした質問だと、カードは明確な答えを見せてくれません。質問を整理する方法を身に着けて、より精密な結果を得ましょう！

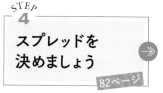

質問が決まったら、スプレッド（並べ方）を決めます。ここでは7種類のスプレッドと、それぞれの特徴をまとめています。ご自身の質問に適したスプレッドを選んでくださいね。

占う前には、カードをすべて混ぜて順番をランダムにする必要があります。タロットは「偶然性」を大切にする占い。カードを混ぜることで、偶然性を引き出すことができるんです。

STEP
6
リーディングを
しましょう

スプレッドごとのカードの意味を参照しながら、PART1のカード解説を見てリーディングをしましょう。やり方に正解はありません！　あなたの自由な想像力を働かせてみてください♪

カードを用意しましょう

まずは、タロットカードを用意しましょう。この本では一般的なウェイト版を扱っていますが、専門店ではさまざまなデザインのものが販売されています。購入する際には、ぜひ直感で選んでみてくださいね！　ポイントは、あなたの気持ちが上向きになる、触れたいと思えるカードを選ぶことです。いろんなカードを見て、お好みのものを探してみましょう。どのようなカードであっても、あなたご自身が1枚1枚と向き合い、タロットとの信頼関係を深めることが大切ですよ♪

また注意点として、中古のカードはできれば避けてください。過去の持ち主のエネルギーが残り、悪い影響を受ける場合があるので注意が必要だからです。

PART 2 あなたのお悩みを占ってみましょう

mimineko
オリジナル

カードと仲良くなる方法

タロットにご挨拶を

新しく購入した場合も、すでに持っている場合も、タロットにご挨拶をしましょう。扇型に開いて1枚1枚の絵柄をよく見ながら、自分の胸に当て自己紹介をします。「来てくれてありがとう」「あなたと仲良くなりたい」など、タロットに思いを伝えるのもOK！　あなたの気持ちが伝わり、きっと信頼できる結果を見せてくれるはずですよ。

相棒のように扱う

タロットは大切なアドバイザー。いわば相棒ですから、失礼のないよう丁寧に扱うことが基本です。カードを広げっぱなしにして放置する、人の座った座布団やソファーに直接置くのはNG。専用の「クロス」を使うとカードの汚れ防止になりますし、普段使っているテーブルを占う場として整えることができるのでおすすめです♪

STEP 2

心を整えましょう

占いには集中力が必要です。占う前にはリラックスをして精神を整えることを心がけましょう！　やり方は人それぞれですから、どのような方法だとご自身の気持ちが一番整うのか、さまざまな方法を試しながら、あなたに合ったものを取り入れてみてくださいね。

ここでは、一般的な方法とあわせてmiminekoおすすめの方法をご紹介します。また、ここで掲載している方法でなくても、瞑想やヨガ、深呼吸など、どんな方法でも構いません。

グラウンディングをする

自分の体と地球が繋がっていることを想像することで、大地のエネルギーを吸収して心身を整える方法です。椅子に腰掛けて背筋を伸ばし、足を床にしっかりとつけながら、地球の核と繋がることをイメージしてみましょう。

クリスタルチューナーを使う

浄化作用のある水晶のパワーを音叉で増幅させて、空間のエネルギーを整えることができます。水晶を音叉で叩くと美しい音が鳴り響き、ヒーリングにも効果的です。タロット占い以外の場面でも、手軽に場を浄化できます。

ハーブで場を浄化する

ハーブには浄化作用があるので、焚くことによって空間も浄化され、心も落ち着きます。ハーブの中でもとくに浄化作用が強く、古くから穢れを祓う神聖なものとされてきた「セージ」がおすすめです！

ティンシャを鳴らす

ティンシャは小さなシンバルのような楽器です。元々はチベットの密教の高僧が読経をする際に使う神聖な宝具で、空間の浄化にはとても効果的です。ヨガの瞑想に使用されることもあります。

占う前のワンアクション

頭上に「王冠」を想像する

占う前に心を落ち着けて目を閉じ、頭上に美しい「王冠」を想像しましょう。なぜこんなアクションをご紹介するのかというと、自分を愛することができて初めて、明るい未来を引き寄せることができるからです。あなたはその王冠にふさわしい、素晴らしい存在。それを忘れずにタロットに向かってくださいね！

お祈りをする

占う前に私が最も大切にしているのは「祈り」です。恋のお相手の幸せを、お客様を占うときはその方の幸せをお祈りします。お祈りの内容は肯定的な言葉なら何でもOK。注意してほしいのは、自分の願望やネガティブな内容を祈らないこと。それらは執着になり、正しい結果が出るのを邪魔してしまうからです。

OK例

○ 「○○さんが幸せになりますように、○○さんの笑顔が増えますように」

○ 「○○さんとより理解し合うために、この恋について占います」

NG例

✕ 「絶対に復縁できますように」

✕ 「○○さんが彼女にフラれて私に振り向いてくれますように」

質問を決めましょう

タロット占いをするにあたって、とても重要なのが質問の作り方です。タロットから的確なアドバイスをもらうためには「これからどうなる?」といった曖昧な質問ではなく、「○○するために、私はどうしたらいい?」といった質問に変換することがポイントになります。

また、タロットが得意なのは「近い未来のこと」「人の気持ち」「選択肢の中から選ぶこと」です。反対に「遠い未来のこと」「漠然と

したこと」はタロットの苦手分野。それらを理解したうえで、質問の仕方を工夫してみてくださいね!

悩みにはたくさんの背景や経緯がありますし、なかなか一言では言えませんよね。ただ、それをぶつけるようにタロットに尋ねてみても、明確な答えは返ってきません。自分と向き合って、何に悩んでいるのか、本当はどうしたいのか、自分の悩みを掘り下げて考え、質問を立てることが大切です。

OK例

○ 「○○さんとお付き合いするために、私はどのような方法でアプローチしたらいい?」

○ 「婚活パーティーで出会ったAさん、Bさん。私が結婚して幸せになれるのはどちらの方?」

○ 「結婚に消極的な彼と1年以内に結婚するには、どんな行動を取ったらいい?」

カードへの質問と自分の行動や選択がセットになっているため、明確な答えが期待できます。

NG例

× 「恋人はできる?」

× 「今度の婚活パーティーでいい人と出会える?」

× 「彼と結婚できる?」

簡潔ですが、内容が漠然としているため、カードは曖昧な答えしか導き出すことができません。

悩みの本質を知る方法

自己対話ノート

ご自身の本音に気づくための方法として、私はノートを使って自己対話することをおすすめしています！　必要なのは、1冊のノートと2色のペンだけ。まずはあなたから、もう一人の自分に向けて質問を考えて、それをノートに記入します。「どうして元気がないの？」「彼からあんなことを言われたけど、あなたはどう思った？」など。その質問に対して、頭に浮かんだ答えをもう1色のペンで書きましょう。それがもう一人のあなたからの答えです。その答えに対して質問があればさらに掘り下げていき、もう一人の自分とのラリーを続けてみてください。これを繰り返していくうちに、自分の本音や、抱えている悩みの本質的な問題に気がつけるはずです。ぜひ試してみてくださいね♪

例／恋人から連絡が来なくて不安なとき

「毎日連絡がないと、彼の気持ちを疑ってしまう。どうしてかな」

「信じて裏切られたら辛いから、彼を100％信じられないんじゃない？」

「でも裏切られることを想定しながら付き合いたくないよ。
　それって彼に対しても失礼だよね……」

「じゃあ信じた結果傷ついてもいいの？　耐えられるの？」

「自分の選んだ人だから、何があってもその辛さを受け入れたい。
　勝手に疑って自爆するパターンはもう終わりにしたいの」

「うん、彼を疑うのはやめよう。私は彼を信じたい」

例／恋人にドタキャンされてケンカしたとき

「今日はどうして彼にあんなことを言っちゃったんだろう」

「本当は素直になりたかったけど強がってしまったんだと思う。
　自分が傷つきたくなくて、逆に彼を傷つけることを言ってしまった」

「本当は彼に何て言いたかったの？」

「会えるのをすごく楽しみにしていたから、キャンセルになって寂しい。
　また違う日に会いたい。ひどいことを言ってごめんって謝りたい」

「今からでも素直になるのは遅くないよね？　勇気がいるけど……」

「うん、本当は彼に伝えたい」

スプレッドを決めましょう

スプレッドとは「広げる」という意味で、カードの並べ方のことです。質問が決まったら、次はどのスプレッドで占うか決めましょう。スプレッドによって並べる枚数も異なり、並べられたカードが示す意味も変わります。スプレッドごとに得意分野もあるので、右のページを参考に、ご自身の質問をどのスプレッドで占うか選んでみてください。86ページからは、スプレッドを7種類ご紹介してい

ます。スプレッドを丸暗記する必要はありませんので、この本を見ながらゆっくり覚えていきましょう。また、スプレッドの種類を覚えずとも、一つの質問に対して「ワンオラクル」で展開していくこともできます。ただ、スプレッドを使用するメリットは、一つのお悩みに対して一度で多角的なリーディングができることです。タロットの世界をより深く楽しむためにも、ぜひ試してみてくださいね！

mimineko オリジナル

スプレッドの選び方

あなたの直感を大切に

右のページを見てもどのスプレッドで占うか迷う場合は、あまり深く考えすぎずに、ピンときたスプレッドを試してみてください！　あなたが「このスプレッドなら私の悩みに答えてくれそう」と感じるスプレッドがあればそちらを選べばいいですし、お悩みの内容にかかわらず、「このスプレッドの形が好き」「この前このスプレッドで占ったときに当たっていた気がする」など、自分のインスピレーションで選んでもいいんです♪　私自身も、普段はスプレッドにこだわらずリーディングをしているくらいですから。大切なのは、あなたご自身がそのスプレッドを選んで占った結果を信じられるかどうかです。

スプレッド早見表

■シンプルな答えを知りたい
■指針となるアドバイスが欲しい

SPREAD

1 ワンオラクル

86ページ

■抱えている問題を整理したい
■自分、相手の本心を知りたい

SPREAD

5 ケルト十字

102ページ

■問題の原因が知りたい
■簡単に未来が知りたい

SPREAD

2 スリーカード

90ページ

■今年1年の恋愛運が知りたい
■二人の関係の流れが知りたい

SPREAD

6 ホロスコープ

110ページ

■選択肢の中で悩んでいる
■選んだ先の未来が知りたい

SPREAD

3 択一

94ページ

■恋愛問題を深く占いたい
■関係を深める方法を知りたい

SPREAD

**7 ロマンティック
クラウン**

110ページ

■関係性について占いたい
■相手の気持ちを知りたい

SPREAD

4 ヘキサグラム

98ページ

PART 2 あなたのお悩みを占ってみましょう

STEP
5

シャッフルして並べましょう

いよいよ実践的にカードに触れていきましょう！ タロット占いは「偶然」に意味があり、あなたが無意識に選んだカードに答えを見出す占いです。そのため、偶然性を高めるためにも、占う度にカードを混ぜるのはとっても大切なこ

となんです。シャッフルやカットのやり方は人それぞれですが、ここでは一般的な方法を紹介します。きちんと集中してカードを混ぜること、カードの上下を決めること、これさえ守れば、オリジナルのやり方でも構いませんよ。

1) 質問を思い浮かべながら、カードを時計回りに混ぜます

カードを裏向きにしてテーブルなどに広げ、時計回りによく混ぜます。このとき、タロットに尋ねたい質問を思い浮かべなから、ゆっくり混ぜることを心がけてください。混ぜる回数に決まりはありませんので、ご自身が「もう十分」と思えるまで混ぜましょう。

2) カードを一つの束にまとめて、トランプのようにカットします

十分に混ざったと思ったら、カードを一つの束にまとめます。そしてトランプのようにカットしましょう。カードを**1**のように混ぜられるスペースがない場合は、ここから始めても構いません。

3) カードを三つに分け、好きな順で一つの束にまとめます

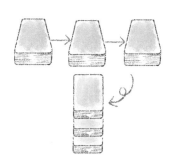

　カードの束を三つに分けて置きましょう。それから分けたときと異なるように、好きな順番で重ねましょう。こうして再度一つの束になりました。

4) カードの上下を決めて、スプレッドに並べます

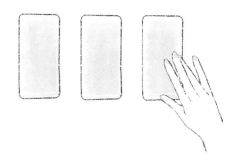

　カードの上下を決めます（逆位置を読まない場合は決めなくてOK）。一番上のカードから、占うスプレッドに合わせてカードを配置します。スプレッドに並べるときは、裏向きのまますべて並べた後に1枚ずつ表に返してもいいですし、最初から表向きのまま並べていっても構いません。

: POINT :

カードをめくるときは、**4**で決めた上下がひっくり返らないように横向きにめくりましょう。また、その際も左右バラバラでめくるのではなく、自分がどちら向きでめくるのか最初に決めておくようにしてください。一つのスプレッドの中での手順を統一することが大切です。

OK例　　NG例

SPREAD 1 ワンオラクル

使うカード
78枚または
大アルカナ22枚

シンプルに答えを導き出せる

　直感で引いた1枚から答えを導き出すシンプルなスプレッドです。初心者の方や手っ取り早く答えを知りたい方はもちろん、ざっくりとした方向性を決めたいときや、率直なアドバイスが欲しいとき、イエス・ノーを問いたいときにもおすすめです。タロットの基本でありながら、あらゆる質問に答えてくれる万能なスプレッドです。

カードが示す意味

　ワンオラクルはどんな質問にも1枚で答えを出してくれるため、カードが示す意味は質問によって異なります。今の状況、あなたの気持ち、相手の気持ち、問題の原因、近未来、アドバイスなど、あなたの質問の答えとして臨機応変に解釈してメッセージを受け取りましょう。

　158ページでは、「毎日できる！恋愛運アップ占い」を紹介しています。その日の恋愛運を上げるラッキーアイテムなどがワンオラクルでわかるので、ぜひ毎日やってみてください。

質問例

- ● 今、彼に連絡してもいい？
- ● 彼は今どんな気持ち？
- ● 気になるあの人に恋人はいる？
- ● あの人の好みのタイプは？
- ● どんな態度で彼に接したらいい？

:POINT:

質問ははっきりと

ワンオラクルはあらゆる質問に答えくれるからこそ、カードに何について示してほしいのか、あなたの希望を明確にさせてから占うことが重要です。

連続ワンオラクルも◎

カードを1枚引いて答えが出たら、その答えに対してさらに具体的な質問を展開し、ワンオラクルを引き続けて深掘りしていく方法もOKです！

彼の今日の調子はどう?

ソードの2
正位置

Answer
1
落ち着いているけれど
何か悩んでいる可能性も

　バランスを示す〈ソードの2〉の正位置が出ました。そのため、今日の彼は心のバランスを保っていて、気持ちが落ち着いていると考えられます。ただ、〈ソードの2〉には「葛藤」という意味もあります。絵の女性が目隠しをしていることからも、彼は向き合わなければならない問題に悩み、葛藤しているにもかかわらず、目を背けることで平静を保っているとも読めます。彼が無理をしていないか気にかけてみて。

節制
逆位置

Answer
2
気持ちが不安定なので
すれ違ってしまいそう

　人との調和や自制心を意味する〈節制〉ですが、ここでは逆位置が出ました。そのことから、今日の彼の心は安定しない状況にあることが読み取れます。余裕がなく情緒不安定気味になっているので、他者とのコミュニケーションもすれ違いがちに。本人も自分自身をうまくコントロールできないので、今日は少し人と距離を置きたいと思っている可能性も。無理に話しかけず遠くから見守ったほうがいいかもしれません。

告白はうまくいく？

ペンタクルの6
逆位置

Answer 1 見返りを求めていると いい結果は得られないかも

見返りを求めない慈愛を表す〈ペンタクルの6〉ですが、ここでは逆位置が出ました。つまり今の相談者は相手に「見返りを求めている」ということが考えられます。また、〈ペンタクルの6〉には不公平や報われないという意味もあり、告白しても納得できない結果になることが想像できます。具体的なアドバイスが知りたい場合は、「告白を成功させるには？」とまたワンオラクルを引いてみてもよさそうです。

ペンタクルの10
正位置

Answer 2 未来へ繋がる関係に 発展するかもしれません

財産や継承を表す〈ペンタクルの10〉。家族を示すカードでもあることから、恋愛面では結婚や続いていく関係を意味しています。つまり、この告白によってこの先結婚へと繋がる、または長くお付き合いできる関係になる可能性があると考えられます。また、今後家族ぐるみのお付き合いに発展するかもしれません。告白をきっかけに明るい未来への道が拓けそうなので、自信を持って告白してよさそうです。

PART
2
あなたのお悩みを占ってみましょう

89

SPREAD 2 ・ スリーカード

使うカード
78枚または
大アルカナ22枚

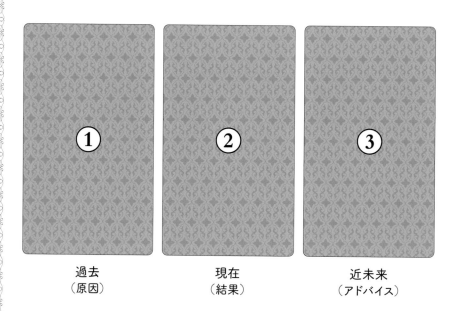

① 過去
（原因）

② 現在
（結果）

③ 近未来
（アドバイス）

問題の変化の流れが読める

　3枚のカードで、質問における過去・現在・近未来の流れを読み解くことができます。状況の推移がひと目でわかるので、初心者の方も取り入れやすいでしょう。また、原因・結果・アドバイスとして、問題に対する対処法を問うのにも適しています。端的に必要な情報を提示してくれるので、全体を把握しやすいスプレッドです。

カードが示す意味

① 過去（原因）

問題に対する過去の状況、または
それが起きた原因を表します。

② 現在（結果）

問題に対する現在の状況、または
最終的な結果を表します。

③ 近未来（アドバイス）

問題が今後どのように変化して
いくのか、またはアドバイスを
表します。

HINT

基本は左の意味ですが、3枚
のカードに振り分ける項目を
自由にアレンジしてもOKで
す。時系列なら「明日・明後
日・明々後日」、「1週間後・
2週間後・3週間後」、他にも
「イエス・保留・ノー」など
も占うことができます。

質問例

● 自分の恋愛運の流れが知りたい。

● 彼を傷つけたかも。彼は私の発言をどう思っている？

● 意中の彼の私への態度が何だか変。どうしたら？

● 出会いを求めているのに彼氏ができないのはなぜ？

● 不倫をやめられない。このままいくとどうなる？

:POINT:

3枚のカードでストーリーを作る

リーディングをするときは、3枚のカードでストーリーを創作するよう
にイメージを膨らませるのがコツです。バラバラに見えても、3枚の共
通点や、開いたときの印象から想像を広げることで、過去から現在、
現在から近未来という流れの繋がりを読み解けるはずです。

スリーカード ［見本 **A**］ 今後いい出会いはある？

Answer 1 軽率な態度に気をつければ 先に繋がる出会いの予感

① ソードの ペイジ
逆位置

② ソードの ナイト
逆位置

③ ワンドの 2
正位置

①は未計画や失言といった軽率な態度を示します。これまでの相談者は出会いを求めながらも、無計画で行き当たりばったりになっていたのかもしれません。②が示すように、現在も焦ってばかりで空回りをしてしまっている様子。しかし、未来には将来に繋がる出会いを表す③が出ています。現在の軽率な態度を改めて、地に足を着けて出会いを求めれば、素敵な巡り合わせがあるかもしれません。

Answer 2 今はひと休みを。 恋以外のことも楽しんで

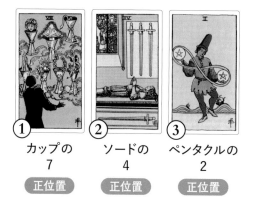

① カップの 7
正位置

② ソードの 4
正位置

③ ペンタクルの 2
正位置

①は夢見がちな恋を表し、出会いに期待しすぎて理想が高くなっていたことが読み取れます。しかしうまくいかずに疲れてしまったのでしょうか、現在は②で、一度出会いを求めることから離れて休みたいと考えていそう。未来は③が示すように、恋以外の趣味や仕事などを楽しめそうなとき。また、そのように気負いすぎないスタンスが、相談者を楽しませてくれる相手との出会いを呼ぶかも。

SPREAD 2
スリーカード
［見本 **B**］

どうして彼は私に怒っているの？

Answer 1 嫉妬が原因かも。
彼の気持ちを受け止めて

① ソードの 3
逆位置

② 節制
正位置

③ カップの クイーン
正位置

①から考えられる原因として、彼が嫉妬している可能性がありそう。彼の心は傷ついていて劣等感に苛まれ、それをうまく表現できずに怒った態度を見せているのかもしれません。それでも未来は②で、二人の関係の調和が見えます。アドバイスとしては、③が示すようにすべてを受け入れる態度を持つこと。彼の気持ちを否定せず包み込んであげることで、③が示す未来への道を拓くことができそう。

Answer 2 誰かに相談することで
原因を見つけ関係の修復を

① ペンタクルの ナイト
逆位置

② 隠者
逆位置

③ 正義
逆位置

①はマンネリを表すので、彼は相談者に対する些細な不満が溜まっているのかもしれません。このままいくと結果は②のとおり、二人は真っ向からぶつかることもなく、お互いに心を閉ざしてしまいそう。そうならないためのアドバイスとして、③からは「謙虚な姿勢が大切」というメッセージが受け取れます。第三者に相談して、この問題の原因を客観視することで関係を修復できるかもしれません。

PART 2 あなたのお悩みを占ってみましょう

3 択一

使うカード
78枚

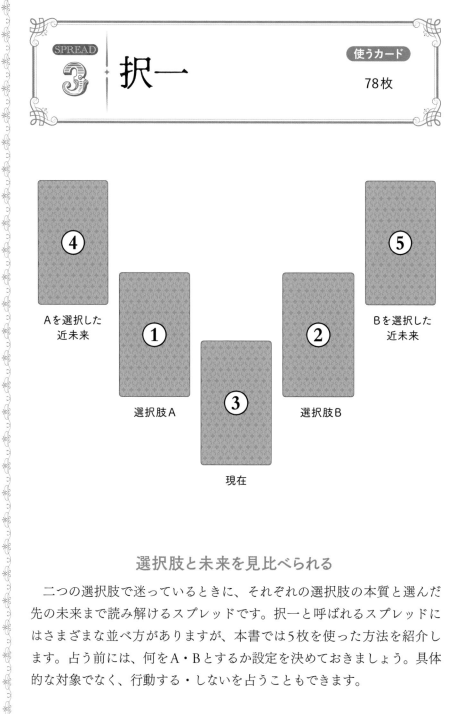

④ Aを選択した
近未来

① 選択肢A

③ 現在

② 選択肢B

⑤ Bを選択した
近未来

選択肢と未来を見比べられる

　二つの選択肢で迷っているときに、それぞれの選択肢の本質と選んだ先の未来まで読み解けるスプレッドです。択一と呼ばれるスプレッドにはさまざまな並べ方がありますが、本書では5枚を使った方法を紹介します。占う前には、何をA・Bとするか設定を決めておきましょう。具体的な対象でなく、行動する・しないを占うこともできます。

カードが示す意味

① 選択肢A
選択肢Aの現在の状況や見えない本質を表します。

② 選択肢B
選択肢Bの現在の状況や見えない本質を表します。

③ 現在
問題に対する相談者の現在の状況、または選択肢に対する相談者の気持ちを表します。

④ Aを選択した近未来
選択肢Aを選んだ場合、今後どのようなことが起きるのかを表します。

⑤ Bを選択した近未来
選択肢Bを選んだ場合、今後どのようなことが起きるのかを表します。

- 優しいAさんと見た目が好みのBさん、
  私がお付き合いして幸せになれるのはどっち？

- 気になる人を食事に誘うなら、AとBどちらのお店がいい？

- 彼氏へのプレゼント。AとBどちらのほうが喜んでくれる？

- 夫への些細な不満。本人に伝えるべき？　伝えないべき？

：POINT：

占っても結果がはっきりしない場合

択一で占って、必ずしも二つの選択肢の優劣がつくわけではありません。結果がどちらもいい・悪い、パッとしないという場合は、カードのヒントを元に選択する必要がある、または他の選択肢がある、今は選択のタイミングではないということも考えられます。

AさんとBさん、私とうまくいくのは？

Answer 1　Bさんとスタートを切ればどんどん進展していきそう

ペンタクルの 10
逆位置

ワンドの ナイト
正位置

④

①

②

⑤

ペンタクルの 4
正位置

③

死
正位置

ソードの ペイジ
正位置

①を見るとAさんは真面目で慎重なタイプ、②を見るとBさんはコミュニケーション上手で、会話も盛り上がる相手と読めます。③は相談者が過去の恋から気持ちを切り替えて恋に前向きになりたい気持ちがわかります。⑤はスピーディーに仲が進展していくことが想像できますが、④は家族や金銭面での何らかの不和がありそう。そのため、結果としてはBさんを選んだほうがうまくいきそうです。

Answer 2　どちらも運命の相手ではないと相談者も気づいているはず

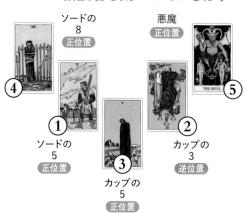

ソードの 8
正位置

悪魔
正位置

④

①

②

⑤

ソードの 5
正位置

③

カップの 5
正位置

カップの 3
逆位置

①を見るとAさんには強引なところがあり、④が示すとおりお付き合いしてからも束縛が激しそうです。②を見るとBさんとは楽しく過ごせそうですが、向上心のあるお付き合いはできず、⑤にもあるように惰性でだらだらと続いてしまいそう。何より③にあるように、相談者自身が期待外れな気持ちを抱いていることがわかります。残念ながら、どちらとも前向きな未来は考えられないようです。

SPREAD 3
択一
[見本 B]

AとBの結婚相談所、どちらに入ればすぐ結婚できる?

Answer 1 出会いはどちらも望めるけど
Bには困難があるかも

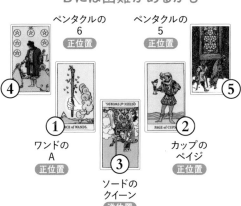

ペンタクルの
6
正位置

ペンタクルの
5
正位置

④

①
ワンドの
A
正位置

③
ソードの
クイーン
逆位置

②
カップの
ペイジ
正位置

⑤

③を見ると、相談者が厳しい目で結婚相談所や相手を見定めようとしていることがわかります。①と②を見るとA・Bどちらも新しい出会いへの兆しがありそうです。未来の④⑤を見ると、Aは経済的にも豊かで親しみやすい相手との縁を、Bは金銭的な困難を示すので、高額な会費による相談者自身の困窮、または借金のある相手が連想されます。そのため、Aを選んだほうがよさそうです。

PART
2
あなたのお悩みを占ってみましょう

Answer 2 Aはすぐに進展。でも、
長い目で見るとBがよさそう

ワンドの
A
逆位置

カップの
クイーン
正位置

④

①
ペンタクルの
9
正位置

③
ソードの
9
逆位置

②
力
正位置

⑤

①を見るとAではすぐに相談者を気に入る人が現れそう。②を見ると、いい相手はいるかもしれませんが時間がかかりそうなことがわかります。④⑤の未来を見ると、Aは愛情が冷めることを示すので、恋の情熱はすぐに消えてしまうのかもしれません。Bは②とも繋がり、お相手に愛情をそそいでいく姿が連想されます。発展はAのほうが早そうですが、Bのほうが結果的に幸せな恋ができそうです。

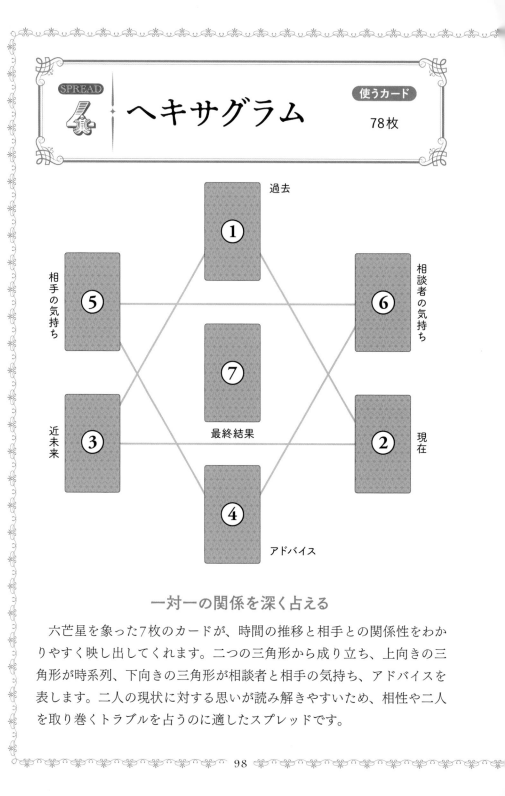

SPREAD 4 ・ ヘキサグラム

使うカード 78枚

過去 ①

相手の気持ち ⑤

相談者の気持ち ⑥

⑦

最終結果

近未来 ③

現在 ②

アドバイス ④

一対一の関係を深く占える

六芒星を象った7枚のカードが、時間の推移と相手との関係性をわかりやすく映し出してくれます。二つの三角形から成り立ち、上向きの三角形が時系列、下向きの三角形が相談者と相手の気持ち、アドバイスを表します。二人の現状に対する思いが読み解きやすいため、相性や二人を取り巻くトラブルを占うのに適したスプレッドです。

カードが示す意味

① **過去**
問題に対する過去の状況、またはそれが起きた原因を表します。二人の過去の関係性として見ることもできます。

② **現在**
現在の二人の状況、二人を取り巻く環境や気持ちを表します。二人の現在の関係性として見ることもできます。

③ **近未来**
二人の関係性が今後どのように変化していくのかを表します。

④ **アドバイス**
質問に対する対策や、二人が今後よりよい関係を築くためのアドバイスです。

⑤ **相手の気持ち**
相手が思っていること、問題に対して抱えている感情、相手が置かれている状況を表します。

⑥ **相談者の気持ち**
相談者の思いや、問題に対して抱えている本音を表します。

⑦ **最終結果**
問題や二人の関係に対する最終的な結果です。

質問例

- 頻繁に目が合う同僚。私に好意があるのか知りたい。

- 友だち関係の彼のことが好きになってしまった。彼は私のことを恋愛対象として見てくれる？

- 彼氏の激しい束縛をやめてもらうにはどうしたらいい？

- 遠距離恋愛中の彼氏があまり連絡をくれないのはなぜ？

✦POINT✦

二つの三角形を分けて読み解く

コツは二つの三角形を分けて読み解くことです。まず上向きの三角形に注目し、①②③で質問に対する流れを把握します。次に下向きの三角形を見て⑤と⑥の状況を比べ、④のアドバイスを踏まえて⑦の最終結果を読むと、カードの答えを俯瞰することができます。

だらだら交際中の彼氏は将来を考えてくれている？

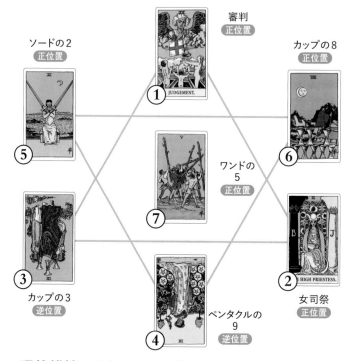

ソードの2
正位置

審判
正位置

カップの8
正位置

① JUDGEMENT.

⑤

ワンドの
5
正位置

⑥

⑦

③

女司祭
正位置

②

カップの3
逆位置

④

ペンタクルの
9
逆位置

Answer **現状維持のままでいたい彼。**
1　進みたいなら正面からぶつかって

①ではこれまでも二人がトラブルを乗り越えてきたこと、②では無理せず付き合える関係である現在の様子がわかります。⑤⑥を見ると彼は今のままでいたいようですが、相談者は見切りをつけようか悩んでいるのでしょう。この先付き合い続けていく未来を③で見ると、さらに惰性で関係は続きそう。相談者が結婚したいなら、④が示すように女性優位になる必要が。結婚に対する思いを彼にストレートに伝えることで、⑦が示すように、ぶつかり合った末に仲が深まるかもしれません。

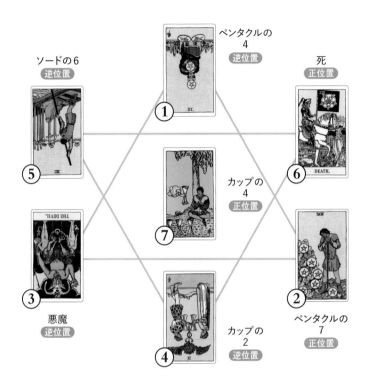

ソードの6
逆位置

ペンタクルの
4
逆位置

死
正位置

① ペンタクルの4 逆位置

⑤

カップの
4
正位置

⑥

⑦

③

悪魔
逆位置

④

カップの
2
逆位置

②

ペンタクルの
7
正位置

Answer
2 お互いに不満を抱えていて、
彼も別れを意識していそう

　①からは、これまで重ねた時間があるからこそお互いを手放せない執
着が、②では不満を抱えながらも一緒にいる現在が読み取れます。⑤を
見ると彼も現状に悩んでいそうですが、⑥の相談者自身も、関係に終わ
りを感じている様子。⑦を見てもお互いへの不満が感じられるので、ど
ちらも別れを意識しているのかもしれません。修復したいなら④からわか
るように、思いを伝え合う努力が必要です。③からは、どちらにしても
今の関係からは脱却していく未来が予想されます。

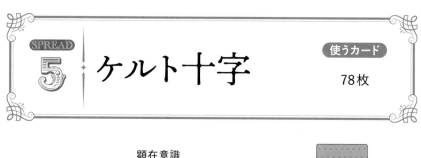

SPREAD 5 ケルト十字

使うカード
78枚

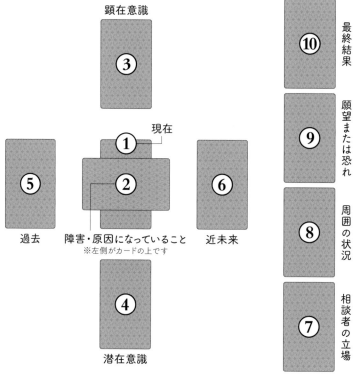

顕在意識

③

現在
①
②
⑤
過去

障害・原因になっていること
※左側がカードの上です

⑥
近未来

④
潜在意識

⑩ 最終結果

⑨ 願望または恐れ

⑧ 周囲の状況

⑦ 相談者の立場

心の中や問題の本質に踏み込める

　10枚のカードが相談者の心の中を掘り下げ、今起きている問題の障害や原因、未来の行く末や、最終的な結果まで読み解けます。また、自覚していない本音や願望までわかるので、自分自身と向き合いたいときにも適したスプレッドです。質問を変えて相手のことを尋ねれば、相手の気持ちや潜在意識を知ることもできます。

カードが示す意味

① **現在**
問題に関する相談者の現状や、問題自体の状況を表します。

② **障害・原因になっていること**
立ち塞がる障害や試練、問題の原因を表します。

③ **顕在意識**
自分自身の自覚している思いや、問題への意識を表します。

④ **潜在意識**
自覚していない、心の底にある本当の気持ちを表します。

⑤ **過去**
問題に対する過去の状況、またはそれが起きた原因を表します。

⑥ **近未来**
問題が今後どのように変化していくのかを表します。

⑦ **相談者の立場**
客観的に見た、相談者が置かれた立場や振る舞いを表します。

⑧ **周囲の状況**
問題に関する周囲の状況や、その環境を表します。

⑨ **願望または恐れ**
問題に対して相談者が抱いている願望または恐れを表します。

⑩ **最終結果**
問題に対する最終的な結果です。

質問例

● 彼氏とすれ違いがちな原因は何？

● 夫についイライラしてしまうが理由がわからない。

● 好きな人に素直になれない性格を変えるには？

● 恋人未満の相手の態度が変。原因は？

● 自分の魅力を高めるためにするべきことは？

：POINT：

顕在意識と潜在意識に注目

対になっている、③顕在意識と④潜在意識に注目しましょう。とくに潜在意識は自覚がないので、重要なヒントになります。こう思っていたつもりだった（顕在意識）けど、心の底ではこう感じていた（潜在意識）ということがわかると、予想外の気づきが得られることも。

恋をしたいけど前向きになれない。どうしたら?

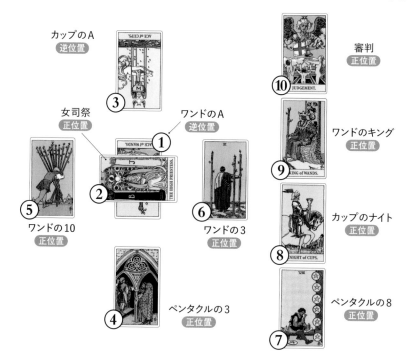

カップのA
逆位置
③

審判
正位置
⑩

女司祭
正位置
②

ワンドのA
逆位置
①

ワンドのキング
正位置
⑨

ワンドの10
正位置
⑤

ワンドの3
正位置
⑥

カップのナイト
正位置
⑧

ペンタクルの3
正位置
④

ペンタクルの8
正位置
⑦

Answer 1 自分に向き合うことで新たな恋の予感がありそう

　恋への意欲の低下が①②③からわかります。しかし④からは、才能がある相手、または同志のような相手を求めていることが想像できます。⑤は相手に尽くして恋に疲弊した過去が、⑥では未来への可能性が読み取れます。今は自分に向き合うときであることを⑦が表していますが、すでに周りに⑧のような素敵な人がいる可能性も。心の底では⑨のように情熱的な恋を望んでいて、⑩を見ると最終的にはこの人と思える相手が現れそうです。自然と前を向けるタイミングがやってくるでしょう。

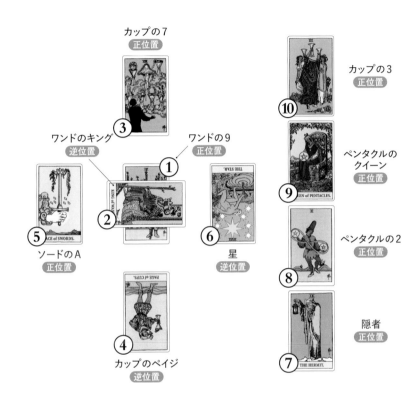

カップの7
正位置

ワンドのキング
逆位置

ワンドの9
正位置

カップの3
正位置

ペンタクルの
クイーン
正位置

ペンタクルの2
正位置

ソードのA
正位置

星
逆位置

隠者
正位置

カップのペイジ
逆位置

Answer
2

プライドと理想を捨てて
気楽な友だち付き合いから

　①からは焦りがわかりますが、障害となっているのは②が示すとおり相談者のプライド。③を見ると恋への理想が高く、④では寂しさから誰かに甘えたい思いが見えます。ただ⑥を見ると理想どおりにはならない流れに。それを感じているのか、相談者も⑦のとおり自分と向き合おうとしています。愛されて安心したいという気持ちが⑨でわかりますが、周りには⑧のような相手もいそう。⑩の結果が示しているように、焦らず気楽な人付き合いを楽しみましょう。友情から恋に発展する可能性も。

ホロスコープ

使うカード
78枚

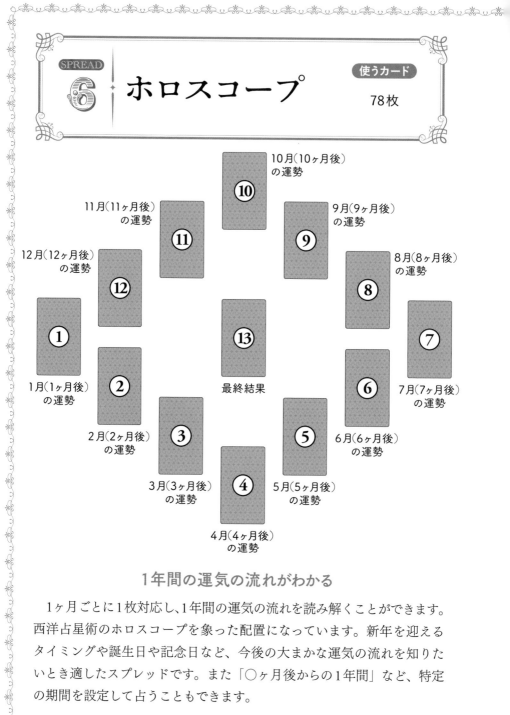

10月（10ヶ月後）
の運勢
⑩

11月（11ヶ月後）
の運勢
⑪

9月（9ヶ月後）
の運勢
⑨

12月（12ヶ月後）
の運勢
⑫

8月（8ヶ月後）
の運勢
⑧

①

⑬

⑦

1月（1ヶ月後）
の運勢

②

最終結果

7月（7ヶ月後）
の運勢

2月（2ヶ月後）
の運勢

③

⑤

⑥

6月（6ヶ月後）
の運勢

3月（3ヶ月後）
の運勢

④

5月（5ヶ月後）
の運勢

4月（4ヶ月後）
の運勢

1年間の運気の流れがわかる

　1ヶ月ごとに1枚対応し、1年間の運気の流れを読み解くことができます。西洋占星術のホロスコープを象った配置になっています。新年を迎えるタイミングや誕生日や記念日など、今後の大まかな運気の流れを知りたいとき適したスプレッドです。また「○ヶ月後からの1年間」など、特定の期間を設定して占うこともできます。

カードが示す意味

①〜⑫

それぞれ1月〜12月、もしくは占う時点から1ヶ月後〜12ヶ月後の運勢を示します。「3ヶ月後から1年間の運勢を占いたい」という場合は①が3ヶ月後、②が4ヶ月後……と期間を設定することもできます。

⑬ 最終結果

1年間の総合的な状況、1年後最終的にどうなっているか、もしくはアドバイスを示します。

タロットで占えるのは基本的に1〜3ヶ月後までの出来事といわれています。ホロスコープでは1年先の運勢まで占えますが、あくまで「現時点」から見た未来であることは心得ておいてくださいね。

質問例

● 来年1年の恋愛運の流れが知りたい。

● 来月で交際開始1年。彼との次の1年はどんな年になる?

● 3ヶ月後から彼氏が1年間留学へ行くことに。不安なので、その1年間の二人の状況を知りたい。

● 来年の誕生日を迎えるまでに結婚したいので、目安として月ごとの恋のアドバイスが欲しい。

: POINT :

カードの強弱を意識する

カードが大アルカナなのか小アルカナなのかにも注目しましょう。カードには強弱があり、大アルカナは大きな変化、小アルカナは些細な出来事を示します。大アルカナが出た月は、(そのカードが示す意味の)大きな変化やドラマティックな展開があると解釈できます。

今年1年の恋愛運が知りたい!

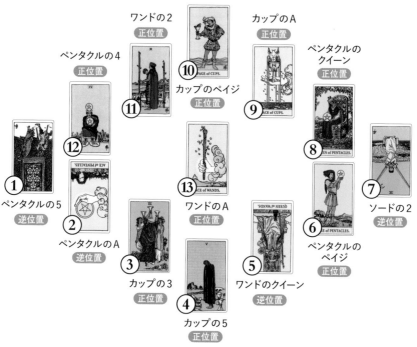

ワンドの2
正位置

ペンタクルの4
正位置

⑩
カップのペイジ
正位置

カップのA
正位置

ペンタクルの
クイーン
正位置

⑪

⑨

⑧

ペンタクルの5
逆位置

⑫

ペンタクルのA
逆位置

②

⑬

ソードの2
逆位置

⑦

ワンドのA
正位置

⑥

ペンタクルの
ペイジ
正位置

③

カップの3
正位置

⑤

ワンドのクイーン
逆位置

④

カップの5
正位置

①

Answer 1 最初は低迷しているものの だんだん運気は上昇しそう

　全体を見ていくと、⑦までの前半ではこれといった恋の進展は見られなさそう。ただ⑧からは、相談者の魅力が高まり⑨が示すように新しい出会いがある予感。⑩⑪のときには素敵な進展や未来に繋がる話も出そうです。⑫ではこの縁を大切にしたいという気持ちが強まっています。⑬を見ても最終的に明るい未来が感じられます。大アルカナが1枚もないことから、ドラマティックで大きな進展はないかもしれませんが、後半にかけてだんだんと恋愛運は上昇していくと読むことができます。

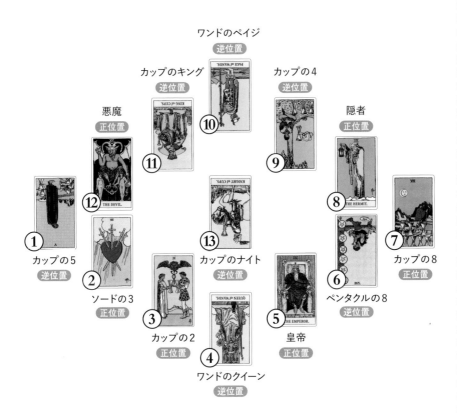

ワンドのペイジ 逆位置
カップのキング 逆位置
カップの4 逆位置
隠者 正位置
悪魔 正位置
⑩
⑪
⑨
⑧
⑫ THE DEVIL.
① カップの5 逆位置
② ソードの3 正位置
⑬ カップのナイト 逆位置
⑦ カップの8 正位置
⑥ ペンタクルの8 逆位置
③ カップの2 正位置
④ ワンドのクイーン 逆位置
⑤ 皇帝 正位置

Answer 2 波のある1年。
流されずに自分を見つめ直して

　全体を見ていくと、前半は浮き沈みが激しいことがわかります。明る
い兆しが見えたと思ったら次の月には停滞してしまいそうです。⑧から
は自分を見つめ直して現状を変えようとしますが、⑨⑩⑪⑫のように自
分の未熟さからトラブルに巻き込まれるなど、嬉しい発展は望めない運
気です。⑬が示すとおり感情に流されやすい1年で、かなり波がありそう
です。⑧のように自分を見つめ直すタイミングでしっかりと足場を固め
ると、未来を変えられるかもしれません。

ロマンティック クラウン

使うカード

78枚

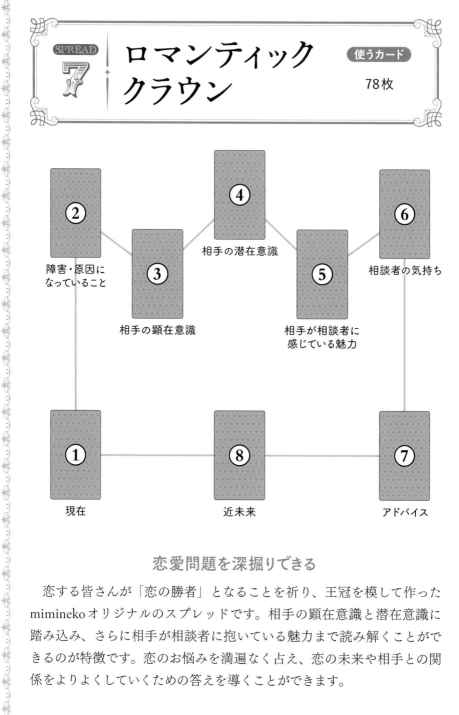

② 障害・原因に なっていること

③ 相手の顕在意識

④ 相手の潜在意識

⑤ 相手が相談者に 感じている魅力

⑥ 相談者の気持ち

① 現在

⑧ 近未来

⑦ アドバイス

恋愛問題を深掘りできる

　恋する皆さんが「恋の勝者」となることを祈り、王冠を模して作った miminekoオリジナルのスプレッドです。相手の顕在意識と潜在意識に 踏み込み、さらに相手が相談者に抱いている魅力まで読み解くことがで きるのが特徴です。恋のお悩みを満遍なく占え、恋の未来や相手との関 係をよりよくしていくための答えを導くことができます。

カードが示す意味

① 現在
　問題に対する相談者の現在の状況や、問題の状況を表します。

② 障害・原因になっていること
　立ち塞がる障害や試練、問題の原因を表します。

③ 相手の顕在意識
　相手が自覚している思いや、問題への意識を表します。

④ 相手の潜在意識
　相手が自覚していない、心の底にある本当の気持ちを表します。

⑤ 相手が相談者に感じている魅力
　相手があなたの好きな部分や、付き合っていない場合も好ましく思っている部分を表します。

⑥ 相談者の気持ち
　問題に対する相談者の気持ちを表します。

⑦ アドバイス
　質問に対する対策や、二人が今後よりよい関係を築くためのアドバイスです。

⑧ 近未来
　二人の関係が今後どのように変化していくのかを表します。

質問例

● 友だち以上恋人未満の彼にキープされている。私と付き合ってくれる気はある？

● 付き合いたての彼に溺愛されていて逆に不安。これから先もこのお付き合いは続く？

● 既婚の上司が言い寄ってくる。どういうつもり？

：POINT：

⑤のカードを自信に変えて

読み解きのコツは、③④⑤で相手の気持ちと⑥の相談者の気持ちを比較して読み、⑦のアドバイスを大切にすること。とくに相手が質問者に抱く魅力を示す⑤は、諦めたくなったときに思い出して、恋への自信にしてください。よりよい未来へ向かえます。

最近出会ったあの人は私に気がある？

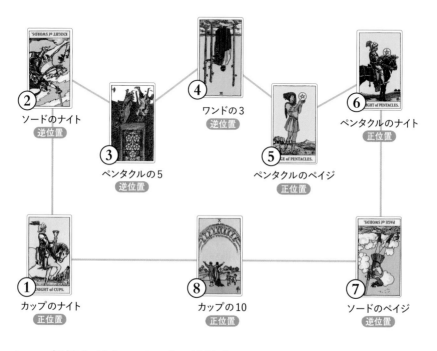

② ソードのナイト
逆位置

③ ペンタクルの5
逆位置

④ ワンドの3
逆位置

⑥ ペンタクルのナイト
正位置

⑤ ペンタクルのペイジ
正位置

① カップのナイト
正位置

⑧ カップの10
正位置

⑦ ソードのペイジ
逆位置

Answer
1 気持ちが向いているのは確か。
　　焦らずに親交を深めて

　①からこの出会いがお互いにとって喜ばしいものであることがわかります。③④からは相手が過去厳しい状況にあったのか、そこから抜け出そうとしていますが、まだ新しい恋への準備は整っていないことが想像できます。ただ⑤を見ると相手は相談者の誠実さに惹かれていて、⑥では相談者自身、真面目にこの相手と向き合いたいと思っているようです。未来は⑧で将来性のある関係に繋がりそうですから、②⑦が示すとおり、焦らずに関係を深めていくといいでしょう。

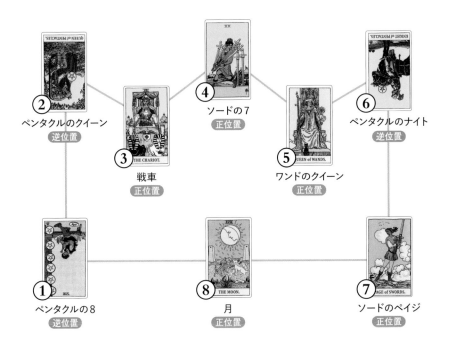

② ペンタクルのクイーン 逆位置

③ 戦車 正位置

④ ソードの7 正位置

⑤ ワンドのクイーン 正位置

⑥ ペンタクルのナイト 逆位置

① ペンタクルの8 逆位置

⑧ 月 正位置

⑦ ソードのペイジ 正位置

PART 2 あなたのお悩みを占ってみましょう

Answer 2 好意は下心の可能性も。
真剣な交際は難しいかも

　③を見るに相手はあなたに好意を抱いているようで、アタックしてくるかもしれませんが、④に浮気を示すカードが出ているのが気がかりです。⑤には性的魅力という意味もあるので、④とあわせて見ると相手には不純な気持ちがある可能性も。②の障害にあるように都合のいい関係にならないか心配なので、⑥の相談者自身の慎重な態度を大切にしてください。⑧にも不安を抱える未来が見えるので、⑦が示すとおり警戒しながら相手を見定めたほうがいいかもしれません。

miminekoが教えます！

リーディング上達のコツ②

「どうやって読むの?」というリーディング時のあるあるについてお答えします。

◆◆◆◆◆◆◆◆

逆位置ばかり出るときは？

逆位置ばかり出ると、未来の雲行きが怪しいのかと心配になりますよね。確かに、厳しい状況や紆余曲折ある未来を表すこともありますが、一度カードを浄化したり、質問を変えたりしてみることをおすすめします。私の場合だと、自分が疲れているときに逆位置ばかり出るんですよね。どちらにしてもちょっと休憩して、カードを休ませてあげるといいですよ！

コートカードばかり出るときは？

人物札といわれるコートカードばかりが出るときは、その問題にさまざまな人が関わってきたり、相談者や占うお相手のさまざまな精神状態を表していたりすることもあります。ただし、全78枚のうちコートカードは16枚もありますから、必ずしもそのような意味があるとはいえません。コートカードは人物像や心情以外にも状況や方針を表す意味もあるので、臨機応変に読み解きましょう！

同じスートばかり出るときは？

一つのスプレッドのほとんどを同じスートが占める結果が出るときもありますよね。そういったときは、スートの持っている象徴が質問に対するアドバイスやテーマになっていることが考えられます。ワンドばかりなら「行動力」、カップばかりなら「感情」、ソードなら「情報や判断力」、ペンタクルなら「地に足に着けること」などです。それぞれのカードの位置とあわせて解釈しましょう♪

同じカードが何回も出る意味は？

違うことを占っているのに何度も同じカードが出るときは、どの質問にも何かしら共通した問題が隠されている可能性があります。あなたへの強い警告であるなど、カードがあなたに何か伝えようとしているのかもしれませんよ。また、単にカードに「癖」のようなものがついていることもあります。こういった場合にも、一度浄化を試してみるといいでしょう。

PART 3

鑑定例から読み解きの
コツを掴みましょう

ここからは鑑定の実例を見ていきましょう。
相談があった恋のお悩みを mimineko が占ってみました。
いろいろなコツやヒントを紹介していますので、
ご自身でリーディングをする際の
参考にしてみてください。

上司と不倫中。
この先幸せになれる?

会社の上司と不倫を続けて3年になります。既婚者であることを知ったうえで関係が始まりました。家庭を壊している罪悪感はありますが、彼には小さな子どももいて、奥さんとも不仲ではないようです。でも会えないときが続くと寂しく、こんなに苦しいならもう別れたほうがいいのではと思っています。別の出会いも探していますがやっぱり彼と比べてしまい、他の人と付き合うことに前向きになれません。どうしたら幸せになれますか? (28歳・独身)

SPREAD 1 ワンオラクル ≫86ページ

ソードのクイーン
逆位置

自分のスタンスへのアドバイスとして読み解く

お相手の方にはご家庭があるということで、相談者様はこのままでは幸せになれないと感じているのですね。お相手の方はきっと魅力的な人なんでしょう。それを前提に話を進めます。まず〈ソードのクイーン〉の逆位置が出ました。これは手厳しくて容赦ない、批判的な人物や姿勢を表します。カードは相談者様へのアドバイスとして、そのように「一度、厳しい目でお相手をよく見てみて」と伝えています。奥様もお子様もいるうえで、そろそろ結婚が視野に入る年齢の相談者様と3年も付き合っている

のですよね。お相手のことを重箱の隅をつつくようにいろんな角度から見てみましょう。笑顔が素敵、優しい、頼れる、ルックスがいいなどの表面的なことではなく、もっと深い本質的なところです。そうすると、「この人は本当に素敵な人なのか」と思い直す点があるかもしれません。「本当に素敵な人とは、相手のことを自分のように思いやれる気持ちのある人なんじゃないか」、とカードが告げています。シビアな目でお相手を見てみたら、相談者様ご自身が何かに気づけるのではないでしょうか。

THE EMPRESS.

女帝
正位置

もう1枚引いて新たな恋へのヒントをもらう

　もう1枚カードを引いて、さらにカードからのアドバイスを聞いてみましょう。〈女帝〉の正位置が出ました。これは、「あなたは愛される価値のある女性です。あなたにふさわしい相手がいるはず」と伝えてくれているようです。相談者様には、この女帝のように堂々としていられる恋愛が似合っているはず。不倫が相談者様の価値を下げ

てしまうとは言いませんが、相談者様ご自身が「罪悪感がある」と仰っているように、これまでどこか後ろめたい気持ちで交際されてきたのでしょう。胸を張って、「私はこういう人と付き合っています」「私は魅力的だから大切にされる女性です」と、そんなふうに思える恋をしてください。まずはご自身を愛してくださいね。

> **miminekoからのアドバイス**
>
> お相手を見つめ直すことで、
> 次の恋に進むモチベーションが高まるはず。
> 相談者様の判断が
> 相談者様ご自身を幸せにします。

HINT

ワンオラクルは1枚でも大きな指針を示してくれますが、この相談のように、1枚目の答えを得た後に「もっとアドバイスが欲しい」とさらに1枚プラスして引いてもOKです。

相談 2

どうしたらマッチングアプリで
好みの人と交際できる？

5年ほど彼氏がおらず、新しい出会いを求めてマッチングアプリを始めました。いろんな男性との出会いがあり、中にはタイプのお相手もいたのですが、そういった人ほどなかなかマッチングしないし、一度お会いすることができても2回目のデートに繋がりません。興味のない人からのメッセージにも応じてはいますが、あんまり乗り気ではないのか本音です。どうしたら、マッチングアプリで好みの人と交際に発展させられるでしょうか。

（32歳・独身）

SPREAD 🔖 ワンオラクル　　　　　　　　　　　　　　>> 86ページ

正義
正位置

自分の行いや気持ちを振り返るヒントとして読み解く

〈正義〉の正位置が出たことから、相談者様は素敵な方なんだろうなと思いました。実は自信もあって、モテるのではないでしょうか。だからこそ「私に釣り合う人じゃないと交際したくない」というお気持ちがあるのかもしれませんね。「私にふさわしい人」を求めるばかりに、お相手を見る目が厳しくなり、条件で判断していることが垣間見えます。デートそのものを楽しむより、お相手を審査員のように見定めてしまっているのではないでしょうか。お相手の方もそれを察知して、居心地の悪さを感じている

ために、二度目に繋がらないのかもしれません。条件や好みは出てくるものですが、それを超えた魅力というものもあるはず。外見や肩書きでは捉えることのできない、その人の素晴らしさ、性格やユーモア、にじみ出る経験など、そんなところに注目するといいのではないでしょうか。減点方式でお相手を見るのではなく、時間を共有して一緒に楽しむ気持ちで過ごしてみてください。せっかくチャンスがあるのなら、シビアな姿勢ではなく、気楽な気持ちで利用してみてはいかがでしょうか。

運命の輪
逆位置

もう1枚引いて未来へのアドバイスをもらう

　さらにカードからのアドバイスを聞くために、もう1枚引きます。〈運命の輪〉の逆位置が出ました。これには「ゆっくりじっくり、焦らずに」とったメッセージを感じます。すぐに交際に発展させるという気持ちではなく、マッチングアプリをとおしていろんな方のよさを知っていくことが大事なのかもしれません。お相手のよさを見つけていくうちに、関係性が変化することもあるでしょう。そのお相手とは先がなかったとしても、たくさんの人に会っていろいろな生き方を知ること、会話を交わすことは、あなた自身の経験となり魅力にもなるはずです。「自分にふさわしいか」というフィルターを外して、お相手の人間としての個性や素晴らしさを知ることを心がけましょう。急がば回れ。それが相談者様が理想の方と交際するための近道です。

miminekoからの
アドバイス

審査員のようにお相手を見るのはやめて、
デートの際のご自身の姿勢を見直しましょう。
交際に発展させようと焦らずに、
お相手を知る気持ちを大切にしてください。

Hint

ワンオラクルは臨機応変に読み解くことが鍵になります。この相談では1枚目を「なぜうまくいかないのか」、2枚目を「今後どうすればいいか」という答えとしてリーディングしています。

相談 3

都合のいい関係をやめたい。セフレに告白したらどうなる？

好きな人がいるのですが、現在彼のセフレ状態になっています。この関係から脱してきちんと彼女になりたいです。彼に恋人はいないようですが、交友関係が派手で女友だちも多いので、私のような関係の子は他にもいるのかもしれません。ただ今は会えるだけでも嬉しいので、告白して重いと思われたり、この関係はやめようと言われたりしてしまうのが怖いです。勇気を出して彼に思いを伝えたら、セフレから彼女になれるでしょうか。

（25歳・独身）

SPREAD 2 スリーカード　　　　　　　　　　　　　　≫90ページ

① 過去

塔
正位置

② 現在

ペンタクルのナイト
逆位置

③ 近未来

ソードの2
正位置

現在の関係へと至った経緯と気持ちを読み解く

　スリーカード（過去・現在・近未来）で出しました。過去を表す①〈塔〉正位置を見るに、流されるままに肉体関係になってしまったのではないでしょうか。好きだからこそ関係を持てることは嬉しく、拒むこともできなかったのでしょう。とはいえ、相談者様が元から望んでいた関係ではないこと、また好きな人に身体だけを求められることに、本当は深く心の痛みを感じてい

るのかなと思います。現在の②〈ペンタクルのナイト〉逆位置を見ると、関係性がダラダラと続いていることが現れています。相談者様はお相手の方に、誠実な目で自分を見てほしいと思っているけれども、現実はそうなっていないのでしょう。相談者様のやるせない思いを感じます。過去・現在を見ると、相談者様はご自身が思っている以上に傷ついているのではないでしょうか。

告白した未来への流れを読み解く

　告白した未来の③〈ソードの2〉正位置を見ると、お相手はどっちつかずの返答をしてくる可能性が高いと感じます。はっきりした答えをもらえずごまかされたまま、お相手は今の関係を続けようとしてくるかもしれません。結局は、相談者様が決断する必要が出てきそうです。〈ソードの2〉の女性は目隠しをしていますが、やがてその目隠しをとって自分の本心に目を向ける

ことになるでしょう。それらを踏まえると、相談者様の本心では、これ以上この関係を続けて傷つくのは嫌なのではないでしょうか。それを相談者様ご自身が受け止めたうえで、答えを出す必要がありそうです。このまま関係を続けるのか、伝えたうえで返答を待つのか、関係に見切りをつけるのか。好きだからこそ葛藤もあると思いますが、どうかご自身の心を見つめてください。

> miminekoからの
> アドバイス

告白してもはぐらかされて関係継続になる可能性大。
「これ以上傷つきたくない」と思っているのなら、
自分の気持ちに向き合いましょう。

HINT

カードが持つ意味やキーワードだけでなく、絵柄の内容からもヒントを得ることができます。ここでは、〈ソードの2〉で目隠しをしている女性の様子を未来の相談者様の姿として読みました。

相談
4

元彼がストーカー化！
警察に行くべき？

付き合っていた人の束縛とモラハラが酷くて耐えきれず、一方的に別れを告げました。その後、元彼に家の前で待ち伏せされたり、電話やメッセージが何件も来たりして怖いです。元彼とは共通の友人もいますが、相談したらさらに恨みを買うのではないかと心配です。連絡をブロックすることや引越しなども考えていますが、職場や実家も知られているのでどうしたらいいかわかりません。警察や弁護士に相談したほうがいいでしょうか。 　　　　　　　（36歳・独身）

SPREAD 2 スリーカード　　　　　　　　　　　　　　　　　>> 90ページ

①	②	③
原因	結果	アドバイス

吊るし人	隠者	カップの3
正位置	正位置	逆位置

原因を知り、今後訪れる結果を読み解く

　スリーカード（原因・結果・アドバイス）で引いてみました。なぜ元彼さんがストーカー化してしまったのか、まず原因を見てみると①〈吊るし人〉正位置でした。一方的に別れを告げられたことで、元彼さんの気持ちが宙ぶらりんになってしまったことがうかがえます。気持ちのやり場がなく、感情を自分でうまく処理できなくなった結果、ストーカー行為に至ったのでしょ

う。ただ、結果の②〈隠者〉正位置を見ると、物事は次第に鎮静化していきそうです。元彼さんの気持ちもだんだん落ち着いてきて、「自分の何がいけなかったのか」と内省するようになるはず。心配だと思いますが、実害を及ぼしてこない限り、相談者様は大きな動きに出ずにそっとしておいたほうがよさそう。連絡が来ても反応せず、静かに過ごすことで落ち着いてくると思います。

アドバイスから今後の方針を考える

　アドバイスは③〈カップの3〉逆位置です。共通の友人がいるということですが、これを見るに相談はタブーだと思います。なぜなら相談者様が心配されているとおり、ますます火に油をそそぐ結果になりそうだからです。放っておけばそのうち元彼さんのストーカー行為も鎮静化していくはずが、その行動によって元彼さんの気持ちが再燃してしまう可能性もありそう。相談者様も

お辛いと思いますが、現時点では公にしないほうがいいと思います。今の元彼さんは、相談者様への愛情と諦めきれない気持ちからストーカー行為をしてしまっているようです。ただし、共通の友人や弁護士・警察に相談することによってそれが次第に憎しみに変わり、事態はさらにややこしいことになるかもしれません。その点だけ注意して、時間が解決してくれることを待ちましょう。

> **miminekoからの
> アドバイス**
>
> 次第にストーカー行為は落ち着いてくるはず。
> 元彼さんの逆上を防ぐためにも、
> 時間が解決してくれるのを待ちましょう。

HINT

　③のアドバイスは、②の結果を踏まえて読み解きましょう。②が望ましい結果ならそれを実現するため、②が望ましくない結果ならそうならないためのアドバイスとして解釈することができます。

相談 5 浮気した元彼と復縁したら この先どうなる？

> 5年前に浮気されて別れた元彼から連絡があり、何度か会ううちに「やり直したい」と言われました。元々すごく好きだった相手なのでとても嬉しく、すでにお互いのことを知っている安心感もあり、私も前向きに考えたいと思っています。ただ、やはり過去に浮気されたことが忘れられず、同じことの繰り返しになるのではと心配です。今からお付き合いするなら結婚も考えたいのですが、彼と復縁してこの先うまくいくでしょうか。
>
> （33歳・独身）

SPREAD 2 スリーカード   ≫ 90ページ

① 過去

ソードのナイト
正位置

② 現在

ペンタクルの10
正位置

③ 近未来

カップの2
正位置

過去から現在の流れで、お相手の気持ちの変化を読み解く

　スリーカード（過去・現在・近未来）で出しました。過去の①〈ソードのナイト〉正位置を見ると、お相手の方は猪突猛進型という印象です。その時々の自分の欲求に正直に行動するタイプであることがわかります。きっと過去にお付き合いしたときには、相談者様にもストレートにアプローチしてきたのではないでしょうか。それと同じように、ちょっと「あの人いいな」と感じて行動した結果、若気の至りということもあり、浮気になってしまったことがカードから読み取れます。5年前ということで、今よりずっと若かったこともあるでしょう。そのときの彼には、あなたの気持ちを考える余裕がなかったのかもしれません。しかし5年経って「やり直したい」と連絡が来た現在の状況が②〈ペンタクルの10〉正

位置であることから、お相手がすごく「落ち着いた大人になった」ことがわかります。人間として成熟して、この5年の間に、お相手が変化するきっかけがあったのかもしれません。お相手なりにさまざまなご経験をされて、ときには苦労したり乗り越えたりという濃厚な5年間を過ごしてきたことが感じられます。また、生活的にも安定していると出ていて、お仕事が軌道に乗ってきて、経済面も恵まれている様子。そんな中でお相手に「そろそろ落ち着きたい」という気持ちが芽生えたのではないでしょうか。そして、そのときに思い浮かんだのが、自分の過ちによって失ってしまった相談者様の姿だったのです。お相手も思い悩み、それでも相談者様のことが忘れられず、連絡をしてきたことが想像できます。

カードが映し出す「未来」から歩む道を決める

　未来には③〈カップの2〉正位置が出ました。相談者様はこのお相手のことが元々すごくお好きだったということですが、お相手も同じく相談者様をずっと忘れられなかったことがわかります。お相手の方の、「成長して大人になった自分を見てほしい」「自分も誰かを守れるようになった」という自負を感じます。復縁した場合、お相手の方は結婚前提で、誠実に相談者様に向き合っ

てくれると出ています。過去に浮気という事実はあったかもしれませんが、お二人には強い絆があり、復縁すると結婚の可能性はかなり高いとカードが答えを出してくれています。相談者ご自身も、やり直したいと言われて素直に嬉しかったということですから、前向きにお付き合いを考えていいのではないでしょうか。5年のときを経て成長したお相手と向き合ってみてください。

> **miminekoからのアドバイス**
>
> 過去がどうあれ、お二人には強い絆があります。
> 変わったお相手を信じて、
> もう一度歩みをともにしてみてください。

相談 6 今彼を元彼と比べてしまう。 このまま付き合っていていい?

　長く付き合って大好きだった前の彼氏にフラれて落ち込んでいましたが、友だちの紹介で新しい彼氏ができました。今彼のことは好きなのですが、些細なことで元彼と比べてしまいます。元彼は割り勘なんかしなかったのに、元彼はもっとデートの提案をしてくれたのに、元彼は車を持っていてよくドライブに連れて行ってくれたのに……。今彼に悪いのでもちろん態度には出していませんが、このまま付き合っていていいのか悩んでいます。 （32歳・独身）

SPREAD 3 択一　　　　　　　　　　　　　　≫94ページ

④
Aを選択した
近未来

ソードのペイジ
正位置

⑤
Bを選択した
近未来

ソードの6
逆位置

①
選択肢A

ワンドの5
正位置

②
選択肢B

ペンタクルの7
逆位置

③
現在

ワンドの3
正位置

それぞれの現在と未来を見つめて判断材料にする

二人の選択肢を比べるということで、択一で出しました。まず現在の状況を示す①を見ると、恋愛に対する相談者様の期待値が高いと示されています。元彼さんを選択肢A、今彼さんを選択肢Bとしましょう。元彼さんと相談者様は価値観が似ていたんでしょうね。相談者様が求めていることに結構応えてくれていたのではないでしょうか。だからどうしても、今彼さんにも同じことを求めてしまうのかもしれません。

それでは、元彼さん（A）の状況です。〈ワンドの5〉の正位置を見ると、もしかしてケンカ別れだったのでしょうか？ もし元彼さんと寄りを戻しても、口論や揉め事が起きるかもしれません。あるいは、もうすでに元彼さんには新しい彼女や好きな人ができて、ライバルがいる可能性も。相談者様からすると、苦戦する状況になることが予想できます。元彼さんを選んだ場合どんな未来になるのかを見てみると、〈ソードのペイジ〉の正位置が出ました。お相手はあ

なたに警戒心を抱きそうです。会ってはくれるものの、正式にお付き合いすることにはならないのかもしれません。

続けて今彼さん（B）の状況を見てみると、〈ペンタクルの7〉逆位置。相談者様の希望に応えきれていないことには気づいているようです。今彼さんなりに相談者様に対していろいろしているつもりだけど、それが届いていないことを感じていて、虚しい思いを抱えているようです。今彼さんを選ぶとどうなるか、〈ソードの6〉逆位置を見ると、お相手にお別れするつもりはなさそう。しかし相談者様との関係性にモヤモヤしていて、二人の関係性をよくしたい、価値観の相違を何とかしたいと思っています。

これらを踏まえると、元彼さんに戻るより今彼さんに歩み寄ったほうが、相談者様は幸せになれるのではないかと思います。元彼さんはもう過去の人とスッパリ割り切って気持ちを切り替えることで、今彼さんにしかないいい面も見えてくるはずですよ。

**miminekoからの
アドバイス**

元彼さんとの思い出にはケリをつけて、
今彼さんと向き合ってみてください。
今彼さんはあなたのために努力してくれています。

Hint

択一でAとBを見比べる場合、一見正位置で出ているほうがいい選択だと判断してしまいがちです。しかし、現状やカードの意味、絵柄などから総合的に読み解くことが重要です。

相談 7 結婚相談所での出会い。どちらを選んだらうまくいく?

> 子どもが欲しくて早く結婚したいので結婚相談所に入ったところ、二人の男性と出会いました。条件はいい(高年収・高学歴・専業主婦可・貯金あり・転勤なし・実家は東京・同居なし)けど15歳年上で、見た目が好みでなく正直イケてない人と、条件は悪い(低年収・低学歴・契約社員・貯金少ない・実家は田舎で一人っ子長男・バツイチ)けど女性の扱いはうまくてルックスもまあまあな人。どちらを選ぶべきでしょうか? (33歳・独身)

SPREAD 3 択一 ≫94ページ

④
Aを選択した
近未来

ワンドの6
正位置

①
選択肢A

ソードのナイト
正位置

③
現在

司祭
正位置

②
選択肢B

カップの2
逆位置

⑤
Bを選択した
近未来

ワンドの5
逆位置

それぞれの現在と未来を見つめて判断材料にする

条件がよくて15歳年上の方をAさんとしましょう。①〈ソードのナイト〉正位置を見ると、Aさんは相談者様に前のめりです。相談者様に好印象を抱いていますし、奥さん候補としてとても前向きに考えているようです。ですからすでにアプローチを受けているかもしれませんね。④〈ワンドの6〉正位置を見ても、将来的には結婚に結びつきそうです。そして、Aさんが相談者様を周りの方に自慢する姿や、結婚できて喜んでいる姿が見えます。相談者様も結婚という目標を達成することができて、ホッと一息つくことができるでしょう。

それに対して条件が悪いほうの方をBさんとします。女性の扱いがうまいということですが、②〈カップの2〉逆位置を見ると、本当はどういう方なのかが気になります。相談者様の前で、よく見えるように取り繕っているところがありそうです。未来には⑤〈ワンドの5〉逆位置なので、結婚するとケンカが絶えなかったり嫌なことに巻き込まれたりすることもあるかもしれません。お互いに傷つけ合ったりするようなネガティブな状況が予想されます。Bさんと関係を深めるのは少し慎重になったほうがいいのかなという印象です。

現在のカードから、AとB以外の選択肢を視野に入れる

これらを踏まえると、結婚相手としてはAさんのほうがよさそうです。ただし、一番気になるのは現在の〈司祭〉正位置。相談者様が本心からは納得しておらず、「本当にそれでいいの？」と訴えかけているようにも感じるのです。「どちらを選んでも私の心は満たされないんじゃないか」という、相談者様の心の渇きが現れているのではないかと思います。子どもが欲しくて早く結婚したいということであれば、Aさんを選べばいずれ結婚できそうですが、相談者様ご自身が空虚感や本当にこれでよかったのかという疑問を抱くかもしれません。それにAさんの結果で出た〈ワンドの6〉は、

一人で向こう側を見ている絵柄ですよね。「結婚」というものを獲得した喜びはありますが、人物が一人しか描かれておらず互いに自分の気持ちしか見ていないようにも見えます。相談者様が年齢的な焦りを感じているということもあり、好きな人との結婚というよりも、結婚がゴールになってしまっているように思います。相談者様の心が殺伐としていて、ドライになっているのではないでしょうか。本当のあなたは精神性が高い方だから、深い部分で繋がり合える人や信頼関係を結べる方のほうが似合うし、焦らなくてもいいとカードが伝えてくれているように感じました。

> **miminekoからのアドバイス**
>
> どちらかを選ぶのであればAさんを。
> ただ、本当に今結婚を焦らなければならないのか、
> 一度ご自身の心と向き合ってみてください。

俳優さんから思わせぶりなメッセージ。彼の本心は?

相談
8

> ある舞台俳優さんの舞台を何度も見に行ったりSNSにコメントをしたりして、本人から認知してもらえるようになりました。それから頻繁にSNSでメッセージをくれるようになり、「今何してる?」「会いたい」など、思わせぶりな内容が送られてきます。私自身ほぼ恋愛経験がなく、これがファンサービスなのか、好意を向けてくれているのかわかりません。本気にして痛い目を見たくないのですが、彼の本当の気持ちはどうなのでしょうか?　　　　（26歳・独身）

SPREAD 4　ヘキサグラム　　　　　≫ 94ページ

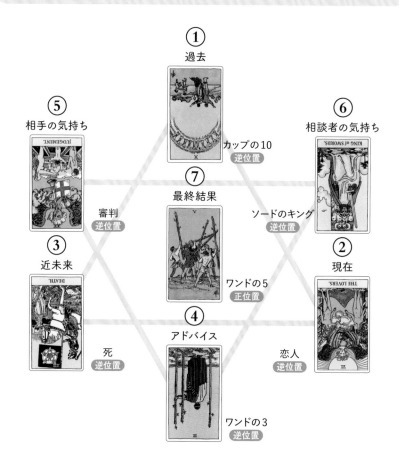

①
過去
カップの10
逆位置

⑤
相手の気持ち
審判
逆位置

⑥
相談者の気持ち
ソードのキング
逆位置

⑦
最終結果
ワンドの5
正位置

③
近未来
死
逆位置

②
現在
恋人
逆位置

④
アドバイス
ワンドの3
逆位置

過去・現在・近未来の流れを読み解く

過去から現在を見ると、相談者様が感じていた平凡で変化のない日常に、突如舞台俳優さんという華やかな存在が現れたことが示されています。舞台の上の遠い存在だった俳優さんが急に自分に連絡をくれるようになって、「会いたい」なんて言われたらかなりドキドキの展開ですよね。ただ、②〈恋人〉逆位置ということで、本当に自分に興味を持ってくれているのか、それとも軽い気持ちなのかと気持ちが揺れ動いていますね。多分、相談者様は心のどこかで後者なんだろうと感じているのではないでしょうか。近未来は③〈死〉逆位置なので、②との流れから、継続的な関係性になるのは難しいかもしれません。③からは諦めきれず前を向けない状態が感じ取れるので、この俳優さんと会えても一度だけの関係性になる可能性が高そうです。

相手の気持ちと相談者の気持ちを対比する

仮に二人で会うことを考えてアドバイスの④のカードを見ると、〈ワンドの3〉逆位置です。相談者様の気持ちは盛り上がり続けていくけれど、俳優さんのほうは一時の感情の可能性があると伝えています。連絡が来なくなる可能性もあるでしょうし、痛い目に遭いたくないということであれば、会わないほうがよさそうです。相手の気持ちの⑤〈審判〉逆位置では、お相手が本当に相談者様に会いたいと思っていることがわかります。しかしこれは「再会しない」カードなので、会うのは一回だけと最初から決めているのかもしれません。⑥を見ると、相談者様も警戒していて物事に対してシビアであることが示されています。相談者様も何となく、自分の期待しているようにはいかないだろうと考えているのではないでしょうか。猜疑心が強く、冷静にお相手を見ています。⑦の最終結果では、舞台俳優という性質上、ライバルが多いので自分一人のお相手にならないという結論に至りそうです。もし相談者様が「憧れのお相手と一回きりの関係でもいい」という考えをお持ちなのであれば別ですが、相談者様は貞操観念がしっかりあって真面目な方で、ご自身を大切にしている印象です。期待が薄いお相手のところへわざわざ飛び込まなくていいかな、という判断をされるのではないでしょうか。だけど、素敵な俳優さんから「会いたい」と言われることはなかなかないことなので、相談者様は魅力的な方なのだと思います。お会いしないままのほうが、夢のような甘い経験としていい思い出になるかもしれませんね。

miminekoからの
アドバイス

一度きりの関係になる可能性大。
関係性を発展させるのは諦めて、
この経験をご自身の自信へと変えましょう。

子どもを連れての再婚。
このまま決断して大丈夫？

2年前に離婚したバツイチのシングルマザーです。仕事で知り合った男性と親しくなって「結婚したい」と言われました。何度も子どもを交えてデートをして、とても子どもを可愛がってくれています。ただ、両親には「再婚は早い」と言われてしまい、私自身も、月イチで元夫に会っている子どもを混乱させてしまうのではと心配です。また、彼が結婚後も本当にいい夫・父親になってくれる保証もないので悩んでいます。どうしたらいいでしょうか。（34歳・離婚歴あり）

SPREAD 4 ヘキサグラム　　　　　　　　　　　　　　　　　　　　≫ 94ページ

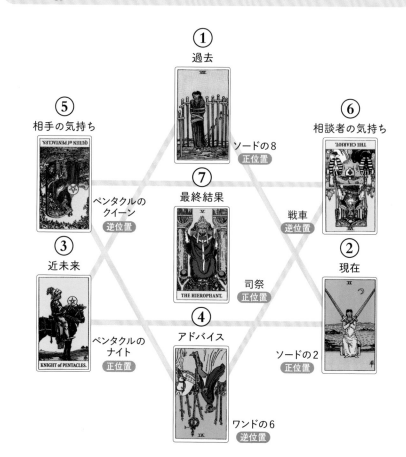

① 過去
ソードの8
正位置

⑤ 相手の気持ち
ペンタクルの
クイーン
逆位置

⑥ 相談者の気持ち
戦車
逆位置

⑦ 最終結果
司祭
正位置

③ 近未来
ペンタクルの
ナイト
正位置

② 現在
ソードの2
正位置

④ アドバイス
ワンドの6
逆位置

過去・現在・近未来の流れを読み解く

過去の①〈ソードの8〉正位置を見ると、相談者様が大変な思いをされてきたことがわかります。お一人で子育てをしながらお仕事をして、誰かに頼りたいけど頼ることができないという不安を感じます。現在の状況は②〈ソードの2〉正位置。少しずつ楽にはなってきたけれど、結婚すべきか決めきれない様子が出ています。近未来の③を見るとこのお相手はすごく責任感の強い方ですね。お二人の関係は着実に進んでいきますし、そんな中でお相手の誠実さをますます実感できるのではないかと思います。

⑤を相手から見た自分の姿として読み解く

アドバイスの④〈ワンドの6〉逆位置を見ると、結婚は今すぐ決めることではないのではないかと出ています。今、相談者様はシングルマザーの大変さから抜け出したい気持ちが強く、それが結婚したい一番の理由になっていることを感じます。相談者様ご自身にも、一生を添い遂げるお相手を今決断していいのかという葛藤があるはず。⑤〈ペンタクルのクイーン〉逆位置は、これはお相手から見た相談者様の姿だと思いました。相談者様が無理していないか心配なようです。そして相談者様の心の固さも感じています。お相手が「結婚したい」と言ってくれたのは、相談者様が大変そうだから自分が力になりたいという気持ちが強いのでしょう。それと同時に、相談者様の心は追いついていないのではないかと感じています。⑥を見ると、結婚というチャンスに飛びつきたい相談者様の心がわかります。しかし一方で、勢い任せすぎないかと躊躇する気持ちもあるようです。最終予想の⑦には〈司祭〉正位置。近未来の③にもこのお相手の誠実さが見えますし、これからも相談者様を支えてくれるでしょう。結婚後もこの方は今の姿と変わらない、器の大きい方ですからご安心ください。

結論として、お相手は相談者のことが好きで好きで堪らなくて求婚したというよりは、結婚することで相談者様が楽になるんじゃないかと思い、プロポーズしてくれたのではないでしょうか。相談者様が「もう少しゆっくり進んでいきたい」と打ち明けたら、お相手はその気持ちを受け入れてくれるはず。周囲やお子様の状況、そしてご自身の気持ちを大切に、時間をかけていいと思います。何より一番大切なことは、このお二人が信頼関係を作り、お互いにとってかけがえのない存在になっていくことです。その先に結婚があってもいいのではないか、とカードたちが伝えてくれています。

miminekoからの
アドバイス

迷いがあるのならまだ決断せず、
今は着実にお相手との距離を縮めましょう。
誠実なお相手の気持ちを信じて。

相談 10 意中の彼女にバイであることを カミングアウトしたらどうなる？

> 私はバイセクシャルで、現在女友だちに惹かれています。彼女は高校時代の友だちで、共通の友人の結婚式で再会して以来よく会うようになり、彼女のことが気になって仕方ありません。彼女は恐らくストレートですが、私も女性に告白されてからバイに目覚めたので、彼女にもそんな期待を抱いてしまいます。私がバイであること、恋愛対象として見ていることを彼女にカミングアウトしたら、この関係はどうなるでしょうか。
>
> (28歳・独身)

SPREAD 4 ヘキサグラム　　　　　　　　　　　　　　　　 >> 94ページ

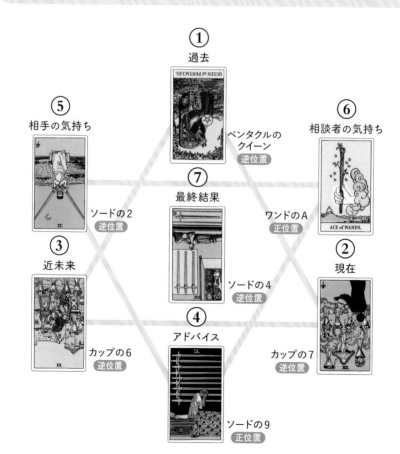

① 過去
ペンタクルのクイーン
逆位置

⑤ 相手の気持ち
ソードの2
逆位置

⑥ 相談者の気持ち
ワンドのA
正位置

⑦ 最終結果
ソードの4
逆位置

③ 近未来
カップの6
逆位置

② 現在
カップの7
逆位置

④ アドバイス
ソードの9
正位置

過去・現在・近未来の流れを読み解く

　過去を示す①の〈ペンタクルのクイーン〉逆位置を見るに、相談者様の気持ちとしては、この恋に期待はせず、ご自身だけの秘めた思いにしようと考えていたのかなと思います。②の現在、お相手と会っているうちに「思っているだけでは嫌だな」とか、「性別の障害を乗り越えて気持ちを伝えたい」という思いが高まってきたのでしょう。カミングアウトしてどうなるかは行動に起こさなければわからないと、だんだん勇気が湧いてきています。カミングアウトした後の近未来③〈カップの6〉逆位置を見ると、相談者様が「思いを伝えてしまったから前の二人にはもう戻れないんだ」というお気持ちになると出ています。少し失敗しちゃったかな、というニュアンスに感じるので、お相手ははっきりした答えは出さないのかもしれません。

相手の気持ちと最終結果から、相手の反応を読み解く

　④〈ソードの9〉正位置を見ると、一見ネガティブなようですが、「もう夜は明けるから気落ちしないで。もうすぐ明るい光が降りそそぎますよ」と伝えてくれています。「後悔は長く続きませんよ」とも。お相手の気持ちの⑤を見るに、「揺れ動く思い」。相談者様の思いは想像もしていなかったために、即決ができないようです。だけど沸き起こってくる新たな感情がありそう。初めての経験だからこそさまざまな感情があふれてないまぜになっていて、その感情に向き合い、気持ちを整理するのに少し時間がかかりそうです。相談者様の気持ちは⑥〈ワンドのA〉正位置。後悔する部分はあるけれど、それでも「勇気を出して告白できた自分」を誇らしく思っていると出ています。最終結果の⑦を見ると、お相手は時間をかけて答えを出してくれます。〈ソードの4〉逆位置は「常識的なところから抜けていく」という意味があり、今までにない革命が起こる予感。お相手も相談者様から告白されたことによりバイセクシャルに目覚める可能性はありそう。このカードは「目覚め」のカードでもあります。女性から告白されるとは夢にも思っていなかったけど、実際告白されたことにより自分の新たな思いに気づいて、その思いに向き合っていきたいと伝えています。すぐにお付き合いはスタートしないかもしれませんが、お二人の関係は終わらずに進んでいくでしょう。ゆっくり進んでいくカードでもありますので、急かさずにお相手の気持ちに寄り添いながら歩んでいくことで、お二人の新たな道が見えてくると思います。

> **miminekoからのアドバイス**
>
> 告白することで苦い思いを抱いても、
> 結果的に明るい方向へ変化しそうです。
> それを信じて行動してみては?

相談 11 年齢＝彼氏いない暦。結婚したいけど、どうしたらいい？

> 35歳ですがこれまで一度も男性とお付き合いをしたことがなく、女子校育ちで男友だちができたことさえありません。周りの友人のほとんどが結婚してママになっていて、だんだん焦りを感じています。実家暮らしのため、両親にも毎日のように将来のことを聞かれて辛いです。出会いを探すにも、経験がないことで相手に引かれてしまうんじゃないかと踏み出せないのですが、私も普通に男性とお付き合いをして結婚したいです。
>
> （35歳・独身）

SPREAD 5 ケルト十字 ≫102ページ

③
顕在意識

ワンドの5
逆位置

①
現在
ペンタクルのクイーン
正位置

⑩
最終結果
ソードの2
逆位置

⑤
過去

カップの10
逆位置

⑨
願望または恐れ
ペンタクルの10
逆位置

⑥
近未来

女帝
正位置

⑧
周囲の状況
ペンタクルの2
逆位置

②
障害・原因に
なっていること
ソードの6
正位置

④
潜在意識

ペンタクルの5
逆位置

⑦
相談者の立場
ワンドのクイーン
逆位置

時系列と顕在意識・潜在意識から状況を読み解く

まず現在の①〈ペンタクルのクイーン〉正位置から、ご実家暮らしで経済的に余裕がありご家族との関係性もよく、相談者様が満足している様子が感じられます。②の障害に出ているのは〈ソードの6〉正位置。相談者様は「結婚したい」ということですが、実は結婚しなければいけないプレッシャーでそう感じているだけで、本音は「ここから出発したくない＝家を出たくない」のではないでしょうか。今のご実家暮らしが居心地いいのでしょう。顕在意識の③を見ると、結婚や男性と関わることが「大変

でしんどいこと」と考えていらっしゃるようです。潜在意識の④では、結婚すると今の生活を手放すことになり、生活水準が落ちることを心配されているように感じます。しかし結婚するのなら、そのような覚悟もしなければいけないこともわかっているのでしょう。⑤の過去を見ると、すごくご両親に溺愛されて贅沢に暮らし、お小遣いも十分にもらっていたのかなと感じます。⑥の近未来を見ると、結婚に対する高すぎる理想が、出会いや結婚へ進むことを阻害する可能性があると出ています。

カード全体に出ているスートに注目する

⑦を見ても、ご両親に可愛がられて育ったことを感じます。「自分は愛される存在だ」という自信はありつつも、年齢的なことで焦りが出てきていることが示されています。これまで男性とお付き合いする機会がなかったことも、不安を感じる要因になっているのでしょう。周囲の状況⑧を見ると、相談者様から見て、周囲にはピンとくる男性がいないようです。誰を見ても心がときめかない、自分とは釣り合わないと感じています。他のカードや願望の⑨にもペンタクルが出ていることから、やはり相談者様は経済的なことにこだわりがありそう。金銭的な部分だけでなく、お相手の勤め先や出身

校、お家柄も気になるようです。ご実家とお相手のお家柄の釣り合いも取れていないと納得できないのかもしれません。最終予想の⑩は〈ソードの2〉逆位置。なかなかお眼鏡にかなう人が現れない、また、そもそも相談者様ご自身が結婚自体に乗り気じゃないと出ています。ご両親に言われて何となく「結婚しなきゃ」と感じているだけで、のらりくらりとかわしてご実家に留まる可能性が高いです。現代では結婚をしない道も選択しやすいですし、恵まれた環境で何不自由なくいられるのなら、いい人が現れて自然に結婚したいと思えるまでは焦らなくていいのかもしれません。

mimineko からのアドバイス

結婚と今の生活を天秤にかけて後者が大切ならば、
焦って結婚する必要はないはずです。
本当に心から結婚したいのか自分に問いかけて。

夫の浮気が発覚。
きっぱり離婚するべき?

結婚8年目で子どものいない夫婦です。夫が職場の部下と浮気していることが発覚しました。たまたまメールのやりとりを目にして夫を問い詰めたところ、部下との関係は解消すると言い謝ってくれました。ただ結婚生活を続けていくつもりがあるのか聞くと、「僕には決める資格がないから君に任せる」と言われました。夫には情もあり、これまで平穏な結婚生活を送ってきたので、再構築するべきか離婚するべきか迷っています。 (39歳・既婚)

SPREAD 5 ケルト十字 ≫102ページ

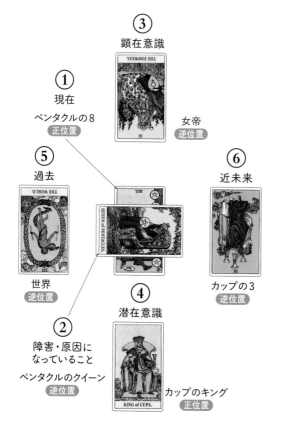

③
顕在意識

女帝
逆位置

①
現在
ペンタクルの8
正位置

⑤
過去
世界
逆位置

⑥
近未来
カップの3
逆位置

②
障害・原因に
なっていること
ペンタクルのクイーン
逆位置

④
潜在意識
カップのキング
正位置

⑩
最終結果
カップのナイト
正位置

⑨
願望または恐れ
隠者
正位置

⑧
周囲の状況
戦車
正位置

⑦
相談者の立場
ペンタクルの10
正位置

時系列と顕在意識・潜在意識から状況を読み解く

現在の①を見ると、結婚8年目ということもあってか、相談者様もここ最近はご主人のことよりお仕事や趣味に意識が向いていた印象です。そんな中で浮気が発覚し、障害の②には愛人を彷彿とさせるカードが出ています。ただ、カード全体を見るととても煌びやかな印象で、恵まれた何不自由ないご結婚生活が垣間見えます。相談者様はご主人に元々すごく愛されているのでしょう。潜在意識の④〈カップのキング〉正位置が示すのはご主人だと思います。ご主人は心が広く温厚で、相談者様に愛情を与えてくれていたのかもしれません。顕在意識の③を見ると、その愛情や優しさに甘えてしまったことをご自身でも感じているので

はないでしょうか。同時に、女性としての魅力を磨く努力も足りなかったと思われているかもしれません。今はとてもショックを受けているでしょうが、④を見ても相談者様はご主人を愛していると思いますし、尊敬の気持ちや安心感、居心地のよさなども感じていそうです。過去の⑥も〈世界〉なので、このお二人は周囲から憧れられるようなご夫婦で、素敵な結婚生活を送ってこられたのだと感じます。しかしこれが逆位置ですから、そんな恵まれた生活があなたの中で当たり前になっていたのかもしれません。近未来の⑥を見ると、また浮気されたらどうしようという疑心暗鬼な気持ちはしばらく続きそうです。

「周囲の状況」を相手の気持ちとして読み解く

ただ、⑦を見ても金銭的には余裕があるうえ、精神的な意味でもお二人の積み重ねてきたものが財産になっていると出ています。ご主人の気持ちを表す⑧は〈戦車〉正位置。白と黒のスフィンクスが表すように、ご主人は白黒ハッキリした性格で、「関係は解消する」という言葉に嘘はないでしょう。⑨を見ても、相談者様ご自身が結婚生活は続けていきたいと思っていることがわかります。ただ、非常にショックを受けていて一人でじっくり考えたいという状況。

ご主人を責める気持ちばかりではなく、自分のことも内省したい様子です。そして⑩は〈カップのナイト〉正位置。ご主人があなたに誠意を持って接すると出ています。多少マンネリもあったのかもしれませんが、今回の件で相談者様の大切さを痛感したことでしょう。新婚当初の頃を思い出すようなロマンチックなデートを提案してくれる可能性を感じます。「自分にはあなたが必要だ、あなたじゃなきゃダメだ」というような気持ちを伝えてくれるはずです。

miminekoからの
アドバイス

ご主人が相談者様を愛しているのは本当です。
反省して気持ちを改めてくれますから、
今の生活を守り抜いてもいいのでは？

相談 13 いい出会いがなく婚活疲れ。でも今年中に結婚したい。

婚活を頑張っていたけど、心が折れてきました。マッチングアプリで仲良くなれたと思ったら突然ブロックされたり、婚活パーティーで私としゃべるときだけ露骨にイヤそうにされたり、お見合いでは受身すぎて相槌しか打たないような相手にしか出会えなかったり、まったくうまくいかなくて落ち込みます。それでも今年中にどうにか結婚したいので、気持ちを上げるアドバイスをください。1年以内に結婚できるでしょうか。

（33歳・独身）

SPREAD 6 ホロスコープ

≫ 106ページ

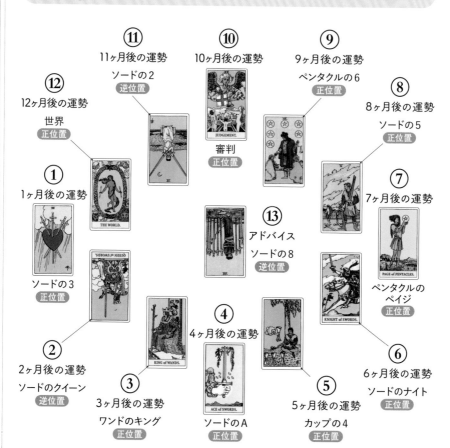

⑪ 11ヶ月後の運勢 ソードの2 逆位置

⑩ 10ヶ月後の運勢 審判 正位置

⑨ 9ヶ月後の運勢 ペンタクルの6 正位置

⑫ 12ヶ月後の運勢 世界 正位置

⑧ 8ヶ月後の運勢 ソードの5 正位置

① 1ヶ月後の運勢 ソードの3 正位置

⑦ 7ヶ月後の運勢 ペンタクルのペイジ 正位置

⑬ アドバイス ソードの8 逆位置

② 2ヶ月後の運勢 ソードのクイーン 逆位置

④ 4ヶ月後の運勢

⑥ 6ヶ月後の運勢 ソードのナイト 正位置

③ 3ヶ月後の運勢 ワンドのキング 正位置

⑤ 5ヶ月後の運勢 カップの4 正位置

ソードのA 正位置

これまで落ち込むこともあったということで、①ではまだ傷心の様子。行動するよりご自身の心を癒しましょう。②では、新たな出会いがあったとしてもシビアになってしまい、イライラして気持ちが追いつかないようです。③は〈ワンドのキング〉正位置ということで、いい出会いの予感。経営者やトップに立つ方で、自信があり魅力的な方です。④では、この方に対して積極的にアプローチしていくことに。競争率が高そうなお相手ですが突き進みそうです。⑤のときは弱気な気持ちが芽生えそう。③で出会ったお相手にアプローチしても脈なしと感じるなど、ネガティブな妄想が膨らみやすいときなので少し休みましょう。⑥⑦はモテ期に入り新たな出会いの予感。⑥で出会う人が猛烈にアプローチしてくるかも。賢くてノリがいい相手です。⑦が示す人は、控えめなアプローチをしてきそう。相談者様より年下で、真面目な雰囲気の人です。⑥より⑦の人のほうが相談者様の気持ちを考えてくれる印象です。⑧のときに

は⑥⑦の人を一人に決められず、絞らない選択をするかも。同時進行でデートをする可能性も。⑨では、⑥⑦のときのお相手か、また新たなお相手に出会うかして、誰かに告白されそう。ところが⑩には「復活」を意味するカードが出ていて、③の方かあるいは元彼などとの復縁の可能性も。⑩で復縁する方は本命という感じがします。⑪のとき、悩むことになりそう。復縁相手と⑨の人で悩むというより、複数の交際をうまく進められなかったり、うまく断ることが出来なかったりして窮地に追い込まれる可能性が。嘘もばれやすいときです。⑫は〈世界〉正位置。⑪のピンチを切り抜けて、この1年の中で出会った方と結婚の話を進めていく可能性が高そうです。⑬のアドバイスは〈ソードの8〉逆位置。6ヶ月目から怒涛のモテ期に入るので、このチャンスを逃さないでください。ただ、交際を中途半端にすると自分が追い込まれて後悔する結果になることも。計画性を持って進めていくことが大事ですよ！

miminekoからの
アドバイス

これまで婚活に悩んできた相談者様の未来に、
光が見えて道が拓ける1年です！
この出会いを無駄にしないでくださいね。

Hint

大アルカナまたは小アルカナのAが出た月は重要なテーマを持ちます。また、スートが偏っていたりコートカードが多かったりするなど、特徴的な出方をしている場合も注目してみてください。

付き合いだしてから冷たい彼氏。
別れたほうがいい?

猛烈なアタックを受けて付き合いだしたのに、彼氏の熱量がいつしか爆下がりになっていました。デートの提案もしてくれないし、こっちが誘っても「俺そういうのわかんない。興味ない」といった返事。完全に「釣った魚に餌をやらない」タイプでした。気持ちの表現もしてくれないし、私はもう29歳なのに結婚のことなんて考えていなそうです。彼はもう私のことが好きではないのでしょうか。それならば別れたほうがいいか迷っています。

(29歳・独身)

SPREAD **6** ロマンティッククラウン　　　　　　　　　　≫ 110ページ

② 障害・原因に
なっていること

ソードの2
逆位置

③ 相手の顕在意識

ソードのクイーン
正位置

④ 相手の潜在意識

ワンドのクイーン
逆位置

⑤ 相手が相談者に
感じている魅力

カップのクイーン
逆位置

⑥ 相談者の気持ち

ソードの6
逆位置

① 現在

隠者
正位置

⑧ 近未来

ソードのA
逆位置

⑦ アドバイス

ワンドの6
逆位置

お相手の気持ちを表すカードにヒントが

①〈隠者〉正位置を見ると、「釣った魚に餌をやらない」というのがそのとおりに出ています。お相手は相談者様とお付き合いできて満足しているようですが、②〈ソードの2〉逆位置を見るに意思の疎通が図れていません。お相手も相談者様も愛情表現が苦手で、感情を伝え合えていない印象です。でもすごいのが、お相手の心を表す③④⑤が全部クイーンであること。逆位置もありますが、やっぱり相談者様と付き合えて嬉しいのでしょう。しかし③が示すように、お相手から見た相談者様は思った以上に「厳しい人」だった様子。④を見るにあ

なたに包容力を期待していたようですが、実際は意外とシビアで細かいタイプだったことにギャップを感じていそうです。⑤を見るとお付き合い前のあなたの姿は正位置のように見えていたのだと思います。お相手は付き合う前のほうが居心地がよかったのかもしれません。付き合ってから逆位置のように印象が変わった理由は、相談者様の中で「デートは週イチ」「毎日必ず連絡を取る」など、カップルはこういうものといったこだわりがあるからではないかと考えました。それがお相手のラフな恋愛スタイルと一致していないようです。

気持ちを自覚し、カードからのアドバイスを活かす

⑥を見ると相談者様は別れるべきか葛藤しているようですが、⑦が示すようにお相手への気持ちはあるはずで、「彼に望まれて選ばれたことに自信を持って」とカードは告げています。⑧は〈ソードのA〉逆位置。お相手視点の③も〈ソードのクイーン〉で、同じソードを持っています。「このソードで墓穴を掘らないで」と出ているように読めますから、あまり細かい発言をしすぎないほうがよさそうですね。お相手はこの恋愛に満足していて、相談者様と一緒にいて基本的には嬉しいのでしょう。気持ちの表現はなくても気持ちは確かですから、自信を

持っていただきたいです。「恋愛はセオリーどおりではなく、ドラマやSNSで見るような型にハマったカップル像だけではない」とカードが伝えてくれています。お相手の恋愛観は、頻繁にデートをするよりはお部屋でまったりと過ごしたり、お互いの都合のいいタイミングで気軽に会ったりしたい方なのかもしれません。そのような価値観のずれはありますが、相談者様もお相手のことが好きなのでしょうから、まずは歩み寄ることから始めてみましょう。そうすることで、きっとお相手も相談者様を尊重してくれるようになるはずです。

miminekoからの
アドバイス

お二人が思い合っているのは確かです。
相談者様からも愛情表現をして歩み寄りましょう。

セックスレスで夫婦関係が不安。
関係は改善できる?

結婚3年目、学生時代から6年付き合って結婚した夫とセックスレスです。普段は仲がよく、旅行や外出もよくしています。ただ、夜はまったく夫から誘ってくれず、私が誘っても「疲れているから」と断られます。同棲していたときや結婚1年目までは夜の生活もありました。私をそういう対象として見てくれなくなったのでしょうか。それとも浮気しているのでしょうか。そろそろ子どものことも考えたいのですが、どうしたらいいですか。 (30歳・既婚)

SPREAD 6 ロマンティッククラウン ≫ 110ページ

② 障害・原因に
なっていること

ワンドのA
正位置

③ 相手の顕在意識

ペンタクルの4
正位置

④ 相手の潜在意識

ソードの9
正位置

⑤ 相手が相談者に
感じている魅力

ペンタクルの10
正位置

⑥ 相談者の気持ち

ワンドの8
正位置

① 現在

ワンドの2
正位置

⑧ 近未来

ペンタクルの10
正位置

⑦ アドバイス

ワンドのペイジ
逆位置

全体のカードの印象、カードの絵柄にも注目して読み解く

現在を示す①〈ワンドの2〉正位置を見ると、現在レスではあっても普段は仲がいいということで、ご主人はこれからも相談者様と歩んでいきたいと出ています。レス以外は円満なのでしょう。全体のカードを見ても浮気などを疑うカードは出ていないのでご安心ください。ただ、②障害に出ている〈ワンドのA〉は男性器を表すカードでもあります。ご主人が相談者様から求められることがプレッシャーになっている可能性を感じます。ご主人の顕在意識の③は、相談者様を絶対に離したくない、自分だけの大事な女性と思っていることが出ています。ですから、レスではあってもご主人に離婚する気はないようです。

潜在意識の④を見ると、ベッドの上で頭を抱えて苦悩している〈ソードの9〉のカードです。相談者様の求めに応じることができず、辛い思いを抱えているようです。お仕事などでプレッシャーを感じていて、夜の営みをする元気や気力がないことも考えられますし、あるいは相談者様との営みの中の些細なことが原因でトラウマになり、男性としての自分に自信がなくなってしまったのかもしれません。相談者様には打ち明けてはいなくとも、相談者様の求めに応じられないことに不甲斐なさを感じ、深く苦悩していることがわかります。しかし⑤を見ると、相談者様をベストパートナーと思っていることが出ていて、末長くよい家庭を築いていきたいようです。お相手もゆくゆくはお子様が欲しいと思っているようで、そのお相手はもちろん相談者様以外に考えられないのです。

近未来の結果を見据えて、アドバイスを活かす

⑥を見ると、相談者様の中でコントロールしたいお気持ちがあるのかなと思いました。家族計画を立てていて、結婚3年目ということもあってそろそろお子様が欲しいという思いを感じます。そこに、ご主人との間のずれがあるのかもしれません。アドバイスを示す⑦〈ワンドのペイジ〉逆位置を見ると、相談者様からお誘いするとますます相手がプレッシャーを感じてしまいそうな印象を受けました。拒否されるほうが辛いのはもちろん、期待に応えられないご主人も辛いということを考えて、焦らずに過ごしましょう。⑧の近未来は、ご主人にだんだん自信がつくことを示しています。仕事で感じていたプレッシャーも軽減し、お仕事と連動して男性としての自信も復活することで、レスも解消されていくでしょう。相談者様の思い描くライフプランもあると思いますが、焦らず急かさず、ゆったりと構えていきましょう。

miminekoからの
アドバイス

やがて夫婦関係は改善されていきますから、
今はご主人にプレッシャーをかけず、
信じて待ってあげてください。

相談 16　16歳下の男性に片思い。
彼は私をどう思っている？

趣味で通い始めたワイン教室で、16歳下の独身男性と出会いました。ワインの趣味や話も合い、だんだんと相手の人柄に惹かれるようになりました。メールは頻繁にしていて、二人で食事をしたこともあります。関係性としては悪くないと思うのですが、相手が私のことを恋愛対象として見てくれているのかわかりません。私からアタックしたら彼に引かれてしまうでしょうか。彼は私のことをどう思っているのでしょうか。

（48歳・独身）

SPREAD 6　ロマンティッククラウン　　　　　　　　　　　》 110ページ

② 障害・原因に
なっていること

ワンドの3
正位置

③ 相手の顕在意識

ソードの5
正位置

④ 相手の潜在意識

ワンドのA
正位置

⑤ 相手が相談者に
感じている魅力

ワンドのクイーン
正位置

⑥ 相談者の気持ち

カップの10
逆位置

① 現在

ペンタクルのA
逆位置

⑧ 近未来

ペンタクルの6
正位置

⑦ アドバイス

ペンタクルのナイト
逆位置

現在を示す①の〈ペンタクルのA〉逆位置を見ると、相談者様のこの恋に対するネガティブな気持ちがよく出ています。16歳の年齢差ということで、この恋愛に将来性がないのではないかという不安や、年上であることを引け目に感じていることが現れているように思います。それに反して、お相手の気持ちの③④を見ると、〈ソードの5〉・〈ワンドのA〉正位置。このことから、お相手は相談者様に対してかなり前のめりであることがわかります。どうにかしてもっと接点を持ちたい、相談者様を手に入れたいという思いが出ていると思いました。しかも⑤は示すのは「魅力的な女性」です。さらに、〈ワンドのクイーン〉は年上の女性も意味します。16歳上ということが、お相手にとっては逆にプラスに働いているようです。同年代にはない色気や、落ち着いた雰囲気に魅力を感じていることが想像できますね。しかし⑥は〈カップの10〉逆位置で、相談者様がこの恋に対して前向きで

はない様子がわかります。歳の差を気にしている、①の現状と一致していると思いました。ただ⑦の〈ペンタクルのナイト〉逆位置は、この恋は現実的な方向に進んでいく可能性が高いことを教えてくれています。とはいえ、相談者様からガンガンいくよりは、〈ワンドのクイーン〉のようにドーンと構えて余裕を醸し出しているほうがいいようです。障害を示す②でも「積極的な行動」と出ていますね。また「私からアタックしたほうがいいのか」とありましたが、アタックせずお相手のペースに委ねたほうがいいと読み取れます。近未来を示す⑧の〈ペンタクルの6〉正位置を見ると、このお相手は意外と金銭的余裕のある方なのかもしれません。将来性も悲観しなくてもいいでしょう。お相手は自分から積極的に動きたい方のようです。デートも奢ってくれたり、スマートにリードしてくれたりして、告白される未来もあるかもしれませんよ。自信を持ってくださいね。

> miminekoからの
> アドバイス

歳の差は気にしないで大丈夫です。
〈ワンドのクイーン〉のように、気高く堂々とした態度が
お相手の目に魅力的に映ります。

HINT

お相手の気持ちを示す③④⑤に注目しましょう。この相談では3枚に統一感のある結果が出ましたが、バラバラな結果が出ることも。その際はお相手の中でも迷いや葛藤があることが考えられます。

miminekoが教えます！

他の人を占うときのポイント

身近な友だちや家族を占ってあげるときに気をつけるべきポイントをまとめました。

その人の幸せを祈る

79ページでもご紹介しましたが、私は占うときに「祈り」を大切にしています。お相手を占うときは、その方の幸せを心から祈りましょう。人を占うことはとてもエネルギーを使うものです。お相手のお悩みを聞く中でよくない念に触れることもあるでしょう。祈ることはもちろんお相手のためでもありますが、自分を守るガードを作るためにもなりますから、ぜひ取り入れてみてくださいね。

お相手の質問を整理する

占ってほしいという方は、大抵心の中で複雑な感情が絡まり、ご自身でも何が悩みの本質なのか見えていないことがあります。そういった場合は、お相手の話を聞いて整理しながら進めていくといいでしょう。「○○さんは彼に不満もあるけど、本当は彼と付き合っていきたいんだよね？　じゃあ彼との関係を改善する方法を占おう」など、お相手の本当の望みを明確にさせるのがコツです！

お相手にも参加してもらう

占うお相手がいるときは、せっかくならお相手を巻き込んで参加してもらうとより楽しめますよ♪　また、占われる方も受動的ではなく、自分の運命を自分で掴み取るといった前向きな気持ちが湧きやすくなります。シャッフルを任せたり、カードの上下を決めてもらったり、逆位置を取るかどうかの希望を聞いてもいいでしょう。お互いに楽しめて、納得できる方法で試してみて。

あなたから見た向きでOK

スプレッドを展開する際は自分を占うときと同じように、自分から見た向きで並べてOKです！　占い師さんによってはお客さんから見た向きで並べる方もいらっしゃいますが、慣れていない場合には、カードを並べる順番や正逆が混乱しやすくなります。お相手には言葉で伝え、必要があればカードを手に取って説明すればいいので、占う方がやりやすい方法にしましょう。

PART 4

あなたの恋愛運を
アップさせましょう

ここまで読んでくださった皆さんは、
きっとタロットに親しみを感じてくれていることでしょう。
最後に、恋愛運アップの方法を紹介します。
心強い恋のサポーターとして、
タロットをさらに味方につけましょう。

タロットカードをお守りにする方法

タロットカードの力を借りて、
あなたの恋愛運をアップさせる方法をご紹介します。

なぜタロットカードがお守りになるの？

　古い歴史を持ち、悠久の彼方から多くの人々に「このカードにはこのような意味がある」と思われ続けてきた伝統的なタロットカードには、集合意識によるエネルギーが内包されています。また、タロットカードはタリスマン（護符）として使用されていた歴史もあります。そのため、タロットカードをお守りとして味方につけることで、あなたの恋愛運を底上げすることができるんです！　ここでは、タロットカードのお守りとしての力を引き出すため、タロットカードとお花、タロットカードとパワーストーンの組み合わせをご紹介します。タロットカード単体をお守りにするよりずっと効力が強まりますので、ぜひ取り入れてみてくださいね！

タロットをお守りにするときの注意

1

お守りにするタロットカードは必ず未使用のデッキにしましょう。占いとしてすでに使用しているカードは、浄化しても念が残ってしまうためお守りには適しません。

2

「○○さんと付き合えますように」など、特定の人物や固有名詞を出して願うのは避けるのがポイント。あまり執着心を持たないことが願望成就の鍵になりますよ。

3

ネガティブな願い事はNG。自分の発したものが自分に返ってくるのが宇宙の絶対法則です。お守りに願い事をする際は、ポジティブな言葉だけを意識しましょう。

4

お守りはあなたが「幸せになる！」と決意して行動することで効力を発揮します。お守りは前向きなあなたの潜在意識に働きかけ「お手伝い」してくれるのです。

タロットとお花の関係

お花は私たちの心を潤し、癒しを与えてくれる存在ですよね。実は私miminekoは華道の教授の御免状を持っています。過去にはお花の世界を志し、単身渡仏したこともありました。そんな経験の中で、お花は人と同じでとても個性豊かであること、

己の力を自覚していることを感じました。お花には繊細なエネルギーがあるので、私たちの潜在意識にスッと入り込みやすいのです。そんなお花とタロットのエネルギーをマリアージュさせることで、恋愛運を底上げすることができますよ♪

やり方

1 目的に合わせた特定のタロットカード（次ページで紹介）と生花をご用意ください。
※お花の水は毎日必ず交換を。怠ると、ネガティブな波動が発せられることも。

2 「魔法の呪文」（次ページで紹介）を心の中で唱えながら、タロットカードとお花を一緒に並べて飾る、またはカードとお花を一緒に写真に撮って待ち受けにしましょう。

3 飾っているお花とカード、または待ち受けに向かって毎日「ありがとう」と感謝の気持ちを伝えましょう。これだけでお花から応援エネルギーをいただくことができます♪

恋する気持ちを後押しする タロットとパワーストーンの関係

鉱物は紀元前からお守りや御神体として崇められてきました。それは不思議な力があると信じられてきた証明でもあり、今ではパワーストーンとも呼ばれ親しまれています。私もパワーストーンが大好きで、ショップまで作ってしまったほど。

最初は「波動なんて……」と言っていたスタッフたちも、毎日石に触れることで運気が上がっていきました。タロットとパワーストーンはどちらも潜在意識に作用する力を持ち、この二つを組み合わせることで、運気を高める魔法に活用できるのです！

やり方

1 目的に合わせた特定のカード（次ページで紹介）と、浄化したパワーストーンをご用意ください。
※パワーストーンは磨かれて加工されたものでも、原石でもどちらでも構いません。

2 「魔法の呪文」（次ページで紹介）を心の中で唱えながら、タロットカードとパワーストーンを一緒にポーチに入れて持ち歩く、または一緒に写真に撮って待ち受けにしましょう。

3 タロットカードとパワーストーンに毎日「ありがとう」と感謝の気持ちを伝えてください。これだけでパワーストーンから運気を高めるエネルギーをいただくことができるんですよ♪

151

タロット×お花のペア

新しい出会いが欲しいとき

運命の輪  白いガーベラ

魔法の呪文
「私は運命の出会いを受け入れます」

出会いを示す〈運命の輪〉。白いガーベラには希望という意味があり、丸く花びらを開いた姿は車輪のよう。白は門出や可能性の力を持つ色でもあり、出会いを求めるときに◎。

告白したいとき

太陽   ピンポンマム（菊の一種）

魔法の呪文
「私は幸せを受け取り還元します」

ひまわりが描かれている〈太陽〉ですが、告白をするときには、お花の中でもダントツに高い霊力を持つ菊が◎。ピンポンマムはポップで可愛らしく、エネルギーをもらえますよ。

お相手の気持ちが知りたいとき

カップの2   ピンクのチューリップ

魔法の呪文
「私は真実を知る準備ができています」

相互理解を示す〈カップの2〉。カップの形はチューリップのようにも見えます。誠実な愛のパワーを持つピンクのチューリップは、お相手を包み、心が開くのを促してくれます。

復縁したいとき

審判   青いカーネーション

魔法の呪文
「私は永遠の愛を信じ、体現します」

青のカーネーションは開発の結果生まれました。白だと「私の愛は生きている」という意味で、それが青く染められ輝き、再開の〈審判〉と組み合わさることで復縁を叶えます。

デートのとき

恋人  赤いバラ

魔法の呪文
「私は愛し、愛される価値があります」

ときめきを表す〈恋人〉と真っ赤なバラは、ロマンティックな展開を期待するあなたにぴったり。愛情のエネルギーに満ちあふれて、ラブラブなデートになること請け合い！

愛を長続きさせたいとき

世界   胡蝶蘭

魔法の呪文
「私の魅力はあらゆるものを虜にします」

お祝いに重宝される胡蝶蘭はとても丈夫で、お花が連なる姿は継続を連想させます。ゴールを表す〈世界〉と合わせれば、お相手に「手放したくない」と思わせられるはず。

タロット×パワーストーンのペア

素直になりたいとき

節制 ×  アクアマリン

魔法の呪文
「私は心を開いて大切な人と繋がります」

アクアマリンは名前のとおり海の力を秘め、大きな海に身を委ねるような癒しをくれる石。調和を表す〈節制〉との組み合わせで、あなたの心を和らげて素直さを取り戻せます。

魅力的になりたいとき

女帝 ×  ストロベリークォーツ

魔法の呪文
「自分らしくあることで私の魅力があふれます」

「魅力的な女性」を表す〈女帝〉と愛と美を象徴するストロベリークォーツは、あなたの魅力を引き出してくれる最強ペア。女性ホルモンの働きを促進してくれる石でもあります。

勇気を出したいとき

戦車   × ガーネット

魔法の呪文
「私は何があっても乗り越える力を持っています」

力強く突き進む姿や決意を象徴する〈戦車〉と、積極的なエネルギーを持つガーネット。ガーネットは人を愛する気持ちを高め、手に入れたいものがある人に勇気を授ける石です。

嫉妬を手放したいとき

正義  × スモーキークォーツ

魔法の呪文
「私は心地いい世界に包まれています」

スモーキークォーツは自信を与え、心を強くしてくれる石です。対等な関係や冷静さを示す〈正義〉と組み合わせることで、嫉妬心を和らげ気持ちを安定に導いてくれます。

恋に前向きになりたいとき

星 ×  アメジスト

魔法の呪文
「私は素敵な恋をして夢を叶えます」

アメジストは愛の守護石とも呼ばれ、過去のトラウマや不安を忘れさせてくれる石でもあります。希望の象徴である〈星〉との組み合わせは、恋と向き合いたい方にぴったり！

忘れられない恋を忘れたいとき

ワンドのA ×  ピンクオパール

魔法の呪文
「私は真実のパートナーと必ず出会います」

前へ進むパワーを授け、出会いをもたらしてくれるピンクオパール。始まりを表す〈ワンドのA〉との組み合わせは、過去の恋を精算し、新たな恋を呼び寄せてくれるでしょう。

タロット×お花×パワーストーン
「秘密の魔法」クリスタルグリッド

　ここではタロット・お花・パワーストーンを使用した応用編として「クリスタルグリッド」という魔法を伝授します。クリスタルグリッドはパワーストーンを並べて作る魔法陣のようもので、ストーンを幾何学的に並べることで場に神聖な波動をもたらし、願いを叶えるサポートをしてくれます。ストーンやお花の持つエネルギーとタロットの持つ意味の相乗効果で、浄化や願望成就に効果があるんです！　通常はクリスタルグリッドそのものからパワーを授かる方法が一般的ですが、グリッドの強い波動からエネルギー酔いをされてしまう方も多くいらっしゃいます。そのためここでは、完成したグリッドを写真に撮り、その写真からパワーをもらう方法をご紹介していきます。クリスタルグリッドの魔法を活用しましょう♪

クリスタルグリッドの例

◀パワーストーンとお花を使った例。このように周りにキャンドルを灯すことで、パワーストーンのエネルギーを増幅させる効果も。

▶神聖幾何学図形が彫られた木製プレートを使った例。このようなプレートやマットを使い、図形に沿うように配置するだけでも美しいグリッドを作れます。

どうして効果があるの?

パワーストーンやポジティブな意味のカードを並べることで、それぞれの持つエネルギーが合わさり、よい波動が生まれます。さらに手の赴くままにパワーストーンを並べていくという行為が潜在意識に働きかけ、パワーストーンやカードのエネルギーをダイレクトに吸収することができるからです。日本ではまだあまり馴染みのないクリスタルグリッドですが、海外ではとても人気のある方法です。

注意点として、クリスタルグリッドは魔術的な行いです。そのためグリッドを作ってそのままにしていると、逆にご自身のパワーを消耗したり、エネルギー酔いを起こしてしまったりする場合もあります。写真に撮ることでエネルギーを画面の中に収めつつ、頻繁に目にすることでグリッドのパワーを受けることができますよ!

用意するもの

- □ 未使用のタロットカード
  （占いに使っているカードはここでは使用できません）
- □ 大小さまざまなパワーストーン（タンブル、ポイント、細石（さざれいし）など）
- □ 気に入った小花や花びら（なくてもクリスタルグリッドは作成できます）
- □ 布や板（清潔で無地のものをご用意ください）
- □ お持ちであれば、セージやクリスタルチューナー

タンブル	ポイント	細石（さざれいし）

研磨されたことにより角が取れた小さめの石。

結晶が柱状に伸びて先が尖っている水晶。

約1ミリ～2センチ程度の細かい石。

155

1) 場を浄化し、神聖な空間を作る準備をする

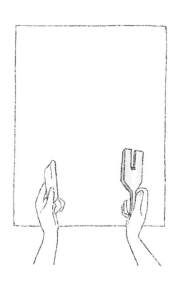

　グリッドを作りたい場所にきれいな布や板を敷きます。クリスタルグリッドを作ることは、神聖な空間を作ることです。そのため、床に直接カードやストーンを並べるのは避けましょう。セージやクリスタルチューナーをお持ちの方は、場の浄化として使用してください。ティンシャもおすすめです。注意点として、クリスタルグリッドは夜ではなく日が出ている時間帯に作るようにしてください。

2) 願いに合うカードを中央に配置する

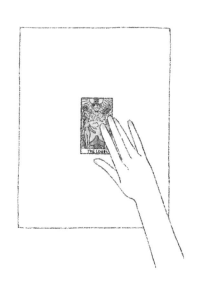

　まず中央にあなたの願いに応じたタロットカードを置きましょう。152・153ページを参考にしてもいいですし、カード解説を見て「このカードが私の願望に合う」といったものを選んでもいいでしょう。その場合も、ポジティブな意味のカードを選ぶようにしてください。

※本来のやり方では、グリッドの中央にマスタークリスタル（レムリアンやエレスチャル、クォーツインクォーツなどの特別な意味を持つクリスタル）を置くのが主流ですが、ここでは願いに応じたタロットを使う方法をご紹介します。

3） パワーストーン・お花を並べながら
願望や目的を思い浮かべる

　中心となるタロットカードを基点に、カードのエネルギーがストーンを伝って放射していくイメージで周りにストーンを並べていきます。並べ方は自由なので、ご自身の感覚を信じて、手が動くままに美しいグリッドを作りましょう。お花を用意している場合は、周りにあしらってみてください。並べている間は願望や目的を思い浮かべてくださいね。クリスタルたちが力を貸してくれるはずですよ。

⚜ 並べ方のポイント

・エネルギーは高いところから低いところへ流れていきます。そのため、カードの近くには大きさや高さのあるストーンを、カードから離れるに連れて徐々に小さくしていくとスムーズな流れを作ることができます。
・先の尖ったストーン（ポイント）は、尖った方向へとエネルギーが流れていきます。そのため尖ったほうをグリッドの外側へ向けるようにして配置してください。
・マンダラや神聖幾何学を参考にするのもおすすめ。また、渦を描くようにストーンを並べるのも効果的です。反時計回りは外にエネルギーを発する形、時計回りはエネルギーを内に集約する形なので、目的に合わせて活用してみてください。

4） クリスタルグリッドの
写真を撮りパワーをもらう

　クリスタルグリッドの形ができあがったら、スマホなどで写真に収めましょう。待ち受けに設定するのもおすすめです。写真を撮った後はすぐに片付けましょう（クリスタルグリッドは強いパワーを発するので、エネルギー酔いを防ぐためです）。撮った写真を見つめたり、写真に向かって願い事を唱えたりすると、グリッドのエネルギーで運気を高めることができます。

毎日できる！ 恋愛運アップ占い

その日の恋愛運をアップさせてくれるキーワードを
手軽に占うことができます！
大アルカナの22枚のみを使い、ワンオラクルで引きましょう。
この占いでは、逆位置はとらなくてOKです。

	カラー	アイテム	フード	場所	ファッション
0 愚者	白	自転車、 青春18切符	デパートの 試食品、 風船ガム	立ち飲みバー	個性的な洋服
I 魔術師	黄色	鍵	多国籍料理	広場	バングル
II 女司祭	アイスブルー	ハンカチ	湯豆腐、 葛切り	美術館、 庭園	和服
III 女帝	マゼンダピンク	ヘアブラシ	フルーツ たっぷりの スウィーツ	高級ホテル、 スパ	体に フィットする ファッション
IV 皇帝	赤	磨かれた靴	ステーキ、 しゃぶしゃぶ	展示会、銀行	フォーマル
V 司祭	水色	マウス ウォッシュ、 除菌シート	精進料理、 ミントアイス	神社仏閣	体のラインが わかりにくい 洋服
VI 恋人	ピンク	リップ スティック	チョコレート、 薔薇の香りの お茶	猫カフェ、 夜景の見える 場所	ミニスカート
VII 戦車	シルバー	ガイドブック	サンドイッチ、 おむすび	都会、 セミナー会場	ブーツ
VIII 力	マスタード	専門書	手作り料理	公園、 自然豊かな 場所	落ち着いた 色合いの洋服
IX 隠者	茶色	古いアルバム	かけ蕎麦、 おじや	自宅、 隠れ家バー	ロングコート
X 運命の 輪	レインボー	時計、ダーツ	ビュッフェ	観覧車	柄物の洋服

カラー
カードから連想される色です。その色のアイテムを身に着けたり、ファッションに取り入れたりしてみましょう。

アイテム
カードから連想されるアイテムです。持ち歩いたり、そのアイテムを買ったり、触れたりするといいでしょう。

フード
カードから連想される食べ物です。その日の献立や、外食をする際のメニュー選びに活用してみましょう。

場所
カードから連想される場所です。その日のデート先や、お出かけプランを決めるときの参考に活用してください。

ファッション
カードから連想される服装のイメージです。その日のコーディネートを考えるときに取り入れてみましょう。

	カラー	アイテム	フード	場所	ファッション
XI 正義	紺	メガネ、オセロ	和定食	映画館、相撲観戦	シックな装い
XII 吊るし人	グレー	ダンベル	梅干し、ニンニク	歯医者、足裏マッサージ	パンツスタイル
XIII 死	黒	湯たんぽ	煮干し、コーラ	朝日の見える場所	ライダースジャケット
XIV 節制	ミントグリーン	リング	さくらんぼ	水族館、川、海	ゆったりしたワンピース
XV 悪魔	パープル	香水	ジャンクフード	バー、繁華街	ハイヒール、アニマル柄の洋服
XVI 塔	ダークグレー	パーティーゲーム	闇鍋	お化け屋敷	稲妻の形のアクセサリー
XVII 星	パステルイエロー	夢ノート	ゼリー、グミ、金平糖	ライブ会場、ファッションショー	スパンコールが付いている服
XVIII 月	プラチナ	アロマキャンドル	ホワイトチョコレート、ハーブティー	バスルーム	ネグリジェ
XIX 太陽	ゴールド	貴金属、光るもの	カレーライス、マンゴー、バナナ	テーマパーク、キャンプ会場	水着、ショートパンツ
XX 審判	ライラック	ヴィンテージ小物、ヘビの抜け殻	おかゆ	教会	シフォン素材の洋服
XXI 世界	薔薇色	みんなに配るキャンディ	フィンガーフード	パーティー会場、カラオケ	揺れるピアスやイヤリング

自己愛を高めて愛される方法

最後にmiminekoから、恋をうまくいかせるためのコツをご紹介します。
考え方一つで、あなたの恋がどんどん上向きになりますよ。

あなたの恋路の邪魔をする「無価値感」

　私たちはみんな、見えない王冠を被って生まれてきました。それなのにいつしか王冠の存在を忘れて、「無理してでも頑張らないと認められない」「こんな自分じゃ価値がない」なんて、自分を無価値だと思い込んでいる人が多くいると思います。あなたはずっと最高傑作の存在なのに。そんな気持ちのまま恋愛をすると、「私ではとても釣り合わない」「こんな私ですみません」といった気持ちがどこかにあり、無理をしたり、反対に自分に欠けているものを相手に求めたり、依存したり、心を開けなかったり、お相手を信じられなかったり、大切な人から離れる選択をしてしまったりします。それではなかなか恋もうまくいきづらいですよね。

本来、私たちは自分を愛している

　自分を愛するのはとても簡単なことです。だって本当は、あなたはもう自分を愛しているから。ご飯を食べて、寝て、呼吸をして生きている。あなたはあなた自身に生かされているんです。無意識にあなたが自分に呼吸をさせ、ご飯を食べるのに困らないよう、うまい具合にやってくれているんですね。あなたが存在しているのは、本当のあなたがあなたを愛しているから。これに気づくだけでいいんです。過去に失敗をして、自分にダメ出ししたくなるようなことが起きたときも、その瞬間あなたはこの世界に存在していたはず。「私なんて最悪だ」と思ってしまうようなときですら、「本当のあなた」はあなたを愛し、価値のある存在だと認めて生かしているんです。

ありのままの自分を認めることが恋の道を拓く

　本来自分自身を愛している私たち。弱いところや変なところがあっても、「これが私なんだな」と認めてあげてくださいね。そのためには、自分の価値を上げるために無理していることをやめて、本当にしたいことや好きなことを優先させるんです。そうすれば、不思議とお相手との恋愛もうまくいくもの。もちろん恋愛だけではなく、人間関係も同様です。

　なぜかというと、あなたがご自身に対して「不足」という幻想を見るのをやめたから。「お相手と楽しいときを過ごしたい」「支え合い、励まし合いたい」「笑顔にしたい」。そんな純粋な気持ちで過ごしていると、お相手からも愛され、嬉しいことが起こり始めるんです。　ありのままの自分を認めて心の声を聞いていれば、何事もいい方向へ進み出し、願いが叶いやすくなります。そのままで完璧なあなたですから、あなたの中に存在しない「不足」を探すことをやめれば、本来人生はうまくいくものなんですよ。それを忘れないでくださいね！

自己愛を高める 10 の方法

選択の際は、できるだけ本音のほうを選ぶ

　私たちは選択する際、つい自分の本音の声を抑えてしまいがちです。「このワンピースが欲しいけど、高いから安いものにしよう」「今日は家でゆっくりしたいけど、誘いを断るのは悪いから行かなきゃ」なんて具合に。仕方ないこともありますが、そればかりが続くとあなたの中にいるもう一人のあなたが拗ねてしまいます。「何だか最近うまくいかないな〜」と感じるときは、もう一人のあなたが「いい加減私の声を聞いてよ！」と訴えているサインです。自分の本音の声を聞いてあげて、もう一人のあなたと仲直りしてくださいね！

スマホやPC・TVに向かう時間を減らす

　SNSが普及した今、私たちは昔よりも他人の意見や反応を気にしてしまいがちになっていると思います。自分を必要以上によく見せようとしたり、画面上の誰かのライフスタイルや容姿に劣等感を抱いたり……。そうしていつの間にか、ご自身の気持ちに向き合うことが少なくなっているのではないでしょうか。そのままでは自分の本当の願望や本音がわからなくなり、進む道を選ぶことができません。そんなときは、メディアと一定の距離を置いて自分と対話しましょう。日記をつけたり、スマホを置いて気ままに散歩してみたり、ゆっくり湯船に浸かるのもいいですね。たまには外からの情報を遮断して、もう一人の自分と向き合う時間を確保してみてください。

3

見えない王冠を頭上にイメージする

これは79ページの「占う前のワンアク
ション」でもご紹介しました。王冠を想
像することに何の意味があるのかと思わ
れるかもしれませんね。でも、この王冠
はあなたにこそふさわしいものなんです。
王冠は王様や女王様が被る特別なもので
すよね？　そしてあなた自身も、その王
冠がぴったり似合う特別な存在なんです。
頭上に王冠を想像することで、あなたは
生まれたときから最高傑作なんだという
ことを思い出してください！

4

王冠から光のシャワーが降りそそぐイメージをする

3の王冠から、まぶしい光のシャワーがあなたに向かって降りそそい
でくる想像をしてください。その光はあなたを包み込み、暖かく抱き
しめてくれます。実際、生まれたときから特別な存在であるあなたは、
いつも無条件に愛の光に包まれているんです。王冠からそそがれる美
しい光のシャワーを想像することで、その暖かさを感じてくださいね。

5

「最高傑作の私」と呟く

生まれたときからあなたはスペシャルな存在です。それを忘れてしま
いそうなときは、ぜひこの呪文を唱えてみてください！　あなたが何か
失敗や間違いを犯してしまったときでも、誰かに蔑ろにされたときでも、
あなたはいつでも「最高傑作」なのです。苦しいときこそ、この言葉を
呟いてみましょう。これは自分の価値を思い出させてくれ、不思議と
もう一度前を向ける力が出てくる魔法の呪文です。

何もしない時間や無駄な時間を過ごす

　忙しい現代社会を生きていると、「生産性のない行動」を無駄な時間と捉えてしまいがちです。例えばボーッとしていて気づくと何時間も経っていたとき、「今日は何もできなかった」「1日を無駄にした」と罪悪感を抱くこともありますよね。しかし、何もせずにボーッとしていた時間も、あなた自身の深い部分を癒してくれる大切なプロセスだったりするのです！　特別なことをせず「何もしない」という時間は、本当はとても豊かで実りがあり、あなた自身を満たしてくれるものです。ぜひ、「何もしない」という貴重な時間を自分に許してあげてくださいね♪

ネガティブな自分を許す

　いつも明るくポジティブでいられたらいいですが、人間ですからときには落ち込むこともありますよね。そんなとき、つい「こんな気持ちでいたらダメだ、元気にならなきゃ！」なんて無理をしていませんか？　落ち込みたいときは、とことん落ち込んでいいんです。あなたの心のほうが何より大事なんですから。ドロドロした気持ちがあふれても、周りに心配をかけても、イライラしても、あなたの価値は決して下がりません。ネガティブなあなたもあなたなのですから！　どんなときでも、あなたは素晴らしいのです。自分の感情は「否定せずに客観的に見つめてあげる」と、浄化されて落ち着いてくるもの。ご自身の心に正直に向き合うことで、自然とまた周囲が明るく見えてくるはずですよ。

自分の価値を上げるために無理するのをやめる

　生まれたときから誰もが価値のある存在なのに、私たちはそのことを忘れて、いつの間にか無理に「自分の価値を上げなきゃ」「認められる行動をしなきゃ」と思ってしまいがちです。ありのままのあなたに価値があることを認めて、本当はしたくないのに頑張っていたことを極力減らしてみてください。そしてその代わりに、好きなこと・やりたいことに時間を割きましょう。あなたがワクワクすること、やってみたいことをリストにするのもおすすめですよ！

嫌い・合わないものから遠ざかる

　8にも関連していますが、本当は嫌なお相手、場所、仕事などを選んでしまうことってありませんか？　それらは罪悪感や自己評価の低さが原因だったりします。しかし、あなたのことを本当の意味で大切にできるのはあなた自身。勇気を持って、嫌なものやあなたに相応しくないものから去り、心がくつろいだりときめいたりするものを選択しましょう！

子どもの頃に言われたかった言葉を自分にかける

　子どもの頃を振り返ると、「あのときお母さんに味方になってほしかった」「本当は褒めてほしかった」「愛していると言ってほしかった」……誰しもそんな思いがあるのではないでしょうか。そんな子どものときのあなたが言ってほしかった言葉を、今あなたがあなた自身にかけてあげてください。「愛しているよ」「大好きだよ」「あなたは宝物だよ」「大丈夫だよ」「そのままでいいんだよ」。あなたの中にいる子どもの頃のあなたが、きっと喜んでくれるはずですよ。

こんなときどうする？

Q & A

皆さんのタロットに関する疑問に
miminekoがお答えします！

Q タロット占いの「未来」って
いつぐらい先のことなのでしょうか？

A 1～3ヶ月後が目安です。

　タロットは近い未来を予測するのに
適した占いです。タロット占いが示す
「未来」とは、約1～3ヶ月後くらいを表
していると言われています。ただし、そ
の未来とは決して確定しているもので
はありません。これからのあなたご自身
の行動によって時期が前後したり、未
来が変化したりする可能性があること
も覚えておいてくださいね！

Q カードから受けるインスピレーション
と本の解説が違うのですが…

A ご自身の感覚を大切にしましょう。

　これはまったく問題ありませんよ！
私miminekoも、YouTubeではマニュ
アルより自分の直感でリーディングし
ていることが多いです。本によっても解
説が異なることもありますし、それは占
い師さんによって解釈が違うからです。
ですから、カードから感じる印象を大
切に、ご自身のインスピレーションを
優先していただいて大丈夫です。

Q タロットカード自体のケアは
どのようにすればいいですか？

A カードもしっかり浄化しましょう。

　カードの浄化はとても大切です！
セージやクリスタルチューナーなど、場
の浄化方法と同じでOK。または、クリ
スタルをデッキの上に乗せる、満月の
光に当ててあげるのも効果的です。カー
ドが汚れてしまった場合は、撥水加工
のあるカードであれば、塩水に浸して
固く絞った布巾で拭きましょう。しっ
かり乾いてからしまってくださいね。

Q タロットで占うのに適した時間帯や
タイミングはありますか？

A 深夜以外はいつ占っても○。

　「今占いたい」と感じたのであれば、
基本的にはいつでもOKです。ただ、深
夜帯はおすすめしません。深夜はネガ
ティブになりがちで、占い結果を見て
必要以上に落ち込んでしまったり、カー
ドからのアドバイスを受け入れられな
かったりする可能性が高いからです。
カードを休ませてあげるためにも、夜遅
い時間は避けてくださいね。

Q 昔使っていた古いタロットカード。使っても大丈夫でしょうか？

A 「久しぶり！」のご挨拶を。

大丈夫ですが、きちんと浄化をして、カードにご挨拶してくださいね。カードに限らず、長く放置されたものは独特なエネルギーを発します。人間も無視されると悲しいように、カードも時々は触れてほしいのです。逆にこれからしばらくカードは使わないというときも、たまにシャッフルだけしてみたり、浄化したりするのがおすすめです。

Q 友だちにカードを貸してほしいと言われたのですが、貸しても平気？

A なるべくやめたほうが無難。

中古のカードの購入がNGなのと同じように、カードを別の方に貸すのもあまりおすすめしません。タロットカードには持ち主の念が入り込みますから、念が移るのを避けるためです。タロットカードは持ち主専用のものと考えてください。共用もやめましょう。ただし、他人を占う場合にお相手がカードに触れるのは問題ありません。

Q タロットはどこで買うのがいい？

A 大切なのは納得して購入できるか。

タロットカードは専門店の他、大型書店や大型雑貨店、ネットショップで購入できます。大切なのはあなたがそのカードを信頼できるか、手元に置いておきたいかどうかです。ですから、実物を見て納得したうえで迎え入れたいのであれば、実店舗で買うのがおすすめ。ネットショップで買う際はサイズや素材にも注意してくださいね。

Q 同じ質問で占いたい。期間はどのくらい空けたらいい？

A 原則1〜3ヶ月は空けて。

同じ質問を何度も占うのはタブーです。なぜなら、タロットのメッセージを無視して、都合のいい結果だけ信じることになってしまうからです。どうしてもという場合は、タロットが映し出す未来は1〜3ヶ月後ですから、そのくらいの期間は空けてください。または、ご自身を取り巻く環境や状況に変化が起きた場合は占ってもいいでしょう。

Q カードはどのように保管したらいい？

A 大切に保管すれば何でもOK。

特別な方法でなく、買ったときのボックスにしまうだけでもいいと思います。または巾着袋などにしまえば、取り出すのも簡単で持ち歩きたいときにも使えていいですね。シルクのハンカチに包んで別の箱にしまうという方もいらっしゃいます。どんな方法であれ、ご自身が使いやすく、カードを大切にする気持ちで保管すればOKです。

Q 使い古したデッキを処分したいのですが、捨てても大丈夫？

A 感謝を伝えてから処分を。

何度も占っているとカードが傷んできてしまうこともありますよね。「罰当たりかな？」と心配になるかもしれませんが、感謝を伝えれば通常の燃えるゴミとして処分してOKです。カードに対し、「これまで私を導いてくれてありがとう」という気持ちを伝えてくださいね。心配ならばお焚き上げしてもらってもいいかもしれません。

	出会い	片思い	カップル	結婚
0 愚者	新たな出会い、可能性にあふれた未来	無邪気、純粋、プラトニックラブ	大胆、自然体、息がぴったり合う	先入観を捨てる、自由な結婚観
I 魔術師	知的な相手、理想的な恋の予感	交流の機会が増える	理解し合える、魅力が増す	チャンス到来、交渉
II 女司祭	秘めた思い、プラトニック	心を開いて接する、内面重視	信頼できる相手、性格のよさ	安らぎ、落ち着き
III 女帝	華やかな恋、実りの多い恋	魅力的な女性、優しい人	母性で包む、性的魅力、安心感	妊娠、出産、結婚相手候補
IV 皇帝	守りより攻める恋、頼れる相手	積極的、恋をリードする	責任感、父性、デートの計画	積極的な行動で信頼を得る
V 司祭	落ち着いた恋、大人の恋	誠実な人、優しさ、包容力	支え合える関係、お互いを尊重する	余裕を持つことで婚期が近づく
VI 恋人	一目惚れ、相思相愛	恋のときめき、交際の予感	運命を感じる愛、性的魅力	プロポーズ、将来に繋がる恋
VII 戦車	突然の誘い、スピーディーな展開	ライバルに勝つ、困難を乗り越える	裏表がない、純粋な思い、問題解決	本音を伝えて望む展開に
VIII 力	強い意志、ベストパートナー	時間をかけて向き合う	努力が報われる、以心伝心	唯一無二の存在、強い絆で結ばれる
IX 隠者	二人で孤独を癒し合う	過去世の繋がり、落ち着いた性格、復縁	真実の二人、深い絆	人生の学びをともに深めるパートナー
X 運命の輪	人生が大きく変わるような出会い	突然の恋のチャンス	変化のとき、好転、進展	運命的な展開で幸せの流れに乗れる

	出会い	片思い	カップル	結婚
XI 正義	モラルを重んじる お付き合い	冷静、 誠意のある人、 世間体を気にする	話し合い、 対等なお付き合い	言動の一致が 将来の可能性に 繋がる
XII 吊るし人	献身的、 タイミングが 合いにくい	自己犠牲、慈愛、 尽くす恋	忍耐が報われる	尽くす思いが 実を結ぶ
XIII 死	執着を手放し 新しい未来へ	過去の精算、 結末を迎える	ターニング ポイント	根本的な見直し
XIV 節制	好意を持たれる、 自然体でいられる	フレンドリー、 友情が愛情に 変わる	無理のない お付き合い	安定した状況で 話が進む、倹約
XV 悪魔	魅惑的な印象、 欲望を掻き立てる	執着、魔性、 本能に従う	泥沼、嫉妬、 不倫、腐れ縁	計画性がない
XVI 塔	革命的、 衝撃的な出会い	予期せぬ ハプニング、 刺激的な恋	隠し事、 価値観の変化、 衝動的なケンカ	スピード結婚、 現状を見直して 改善する
XVII 星	夢と希望に あふれている	理想的な人、 期待できる関係性	充実した時間、 ときめき	明るい未来の 可能性
XVIII 月	神秘的な出会い、 謎めいた人	相手の気持ちが 見えづらい、 漠然とした不安	秘密の恋、 訳あり	本質を見極める
XIX 太陽	発展性がある、 明るい可能性	告白、気が合う、 思いが伝わる	笑顔の多い 関係性、 将来性がある	プロポーズ、 無限の可能性
XX 審判	過去に 諦めたものが 再び蘇る	仲直り、 心の傷が癒され 新しい恋に積極的	復縁、仲直り、 修復できる	再婚、 関係の再構築
XXI 世界	最高の恋の相手、 理想的な人	恋の成就	相思相愛、 喜びあふれる 関係性	祝福、 ハッピーエンド、 理想的な結婚

	出会い	片思い	カップル	結婚
ワンドのA	新しい出会い、理解者との接点	積極的な関わり、交際の開始	情熱的、魅力、夢中になる	家族、誕生、妊娠と出産
ワンドの2	状況が味方して前進する	相思相愛、意気投合する	頻繁な連絡、デートが増える	進展、結婚、未来を描く
ワンドの3	新しい可能性、進展に期待する	手応えを感じる、交際スタート	積極的、将来を視野に入れる	思い描いていたような状況
ワンドの4	安心感、懐かしい	癒し、交流、心の支え	心が通い合う、穏やかな気持ち	結婚前提、祝福を受ける
ワンドの5	ライバルの存在、手強い相手	略奪、三角関係、スリリングな恋	ケンカするほど仲がいい	お互いの意見を尊重して改善
ワンドの6	モテる人、心を奪われる	告白から交際が始まる	親密な関係、自慢の恋人	相手のリードに任せる、祝福
ワンドの7	恋にのめり込む、猛烈なアピール	ライバルに勝つ、勢い任せの告白	交際のスタート、やっと成就する	相手の覚悟が決まる
ワンドの8	新たな急展開、一目惚れ	お誘いが増える、好感触、告白される	意気投合、趣味が合う、トントン拍子	最高のタイミング
ワンドの9	タイミングが大事な恋	緊張感がある、持久戦	疑心暗鬼、束縛、ゆっくりと進む	相手が慎重、控えめが◎
ワンドの10	分不相応に感じる相手	障害が多い、忙しい相手	真面目すぎる、尽くしすぎる	サポートする、無理せず自然体で
ワンドのペイジ	新鮮な気持ち、無邪気な相手	駆け引き、素直な気持ち	連絡がマメ、信頼、楽しい会話	幸せになると決意する
ワンドのナイト	エネルギッシュに進んでいく恋	急展開、自信家、大胆なアプローチ	情熱、ラブラブ、リードされる	スピーディーに結婚へと進む
ワンドのクイーン	明るく華やか、大胆、モテ期	話上手、優しい、好意がある	セクシー、魅力、母性愛	満たし合う愛、祝福された関係
ワンドのキング	力強い人、カリスマ性	オーラがある人、告白のタイミング	性的魅力、頼もしい人	強引な結婚

	出会い	片思い	カップル	結婚
カップの A	運命の出会い、新しい出会い	一目惚れ、デートが増える	ソウルメイト、愛をそそいでくれる	生涯をともにする、突然のプロポーズ
カップの 2	順調に進む、深い愛の予感	相思相愛、復縁、理想の人	深い繋がり、かけがえのない相手	永遠の愛を誓う、妊娠
カップの 3	友だち以上、社内、友だちの協力	意気投合、フレンドリー	グループ交際、オープンにする	前向きに進む
カップの 4	迷い、現状への不満	気分屋、そんなに好きではない相手	マンネリ感、刺激のない交際	盛り上がらない
カップの 5	後ろ向き、消極的になる	後悔、期待外れ、片思い	ストレス、妨害、障害がある	結婚に適さない時期
カップの 6	なぜか懐かしい、無邪気な人	初恋を思い出す、初々しい、復縁	甘酸っぱい恋、家族のような絆	愛情がすくすく育つ
カップの 7	恋に恋している	恋愛ゲーム、耳年増、高い理想	理想の押しつけ、現実とのギャップ	実現に至らない
カップの 8	次なるステップ	心変わり、テンションが下がる	距離を置く、前向きな別れの決意	違和感のある結婚
カップの 9	理想の人、成就する恋	魅力、相思相愛、本気のアプローチ	念願叶う、同棲、幸せにしたい	理想的な結婚
カップの 10	幸福感の高い恋	価値観の一致、経済的余裕がある	結婚前提の交際、あげまん	プロポーズは秒読み
カップの ペイジ	新鮮な恋、愛想のいい人	ほのかな好意、容姿端麗	ロマンティック、予測できない恋	焦らずに準備を進める
カップの ナイト	ドラマティックな展開	告白、王子様、映画のような恋	羨まれる関係、イチャイチャ	夢のようなプロポーズ
カップの クイーン	信頼、安らぎに満ちた恋	女性らしい魅力、恋で頭がいっぱい	深く愛する、無条件の愛	期待どおりの展開
カップの キング	心の支え、相談に乗る	温厚で優しい、成熟した年上の人	包容力がある、同棲、結婚前提	愛に包まれた幸せな結婚

小アルカナ

ソード
SWORDS

	出会い	片思い	カップル	結婚
ソードのA	洗練された恋	近づきたい、心が読みづらい	ライバルに勝つ、積極的な姿勢	冷静に判断、落ち着いて進める
ソードの2	選択しなければいけないこと	葛藤、自信喪失、気持ちを隠す	現状維持、お付き合いの継続	無理に進めない
ソードの3	不調和、後ろ向きになる	劣等感、失恋、強い嫉妬	ショックなこと、激しいケンカ、別れ	決断は見送って
ソードの4	小休止	停滞、休息	充電期間、そっとしておく	進みづらいとき
ソードの5	戦略的な誘い、諍いや揉め事	神経質、横恋慕、駆け引き	自分本位な相手、独占欲が募る	折り合いが悪い
ソードの6	転換期	迷いが消える、進展の兆し	協力関係、旅行デート	人生の旅をともに進む
ソードの7	違和感、怪しい人	駆け引き、誘惑、三角関係	隠し事、浮気、不倫	真の愛か確かめる必要
ソードの8	不安や葛藤、動けない	避けてしまう、合わせすぎる	束縛、連絡不精、被害者意識	膠着状態
ソードの9	ネガティブ、最初から諦める	心が傷つく、後悔、失敗、絶望	将来が見えない、悲観的、不安	焦らないでポジティブに
ソードの10	区切り、ピンチの中にある希望	悲劇のヒロイン、未練を感じる	距離ができる、痛みを受け入れる	困難な展開
ソードのペイジ	戦略的、様子見、盛り上がる会話	傷つきたくない、駆け引き、警戒	ゆっくり親密に、程よい距離感	計画的に進める
ソードのナイト	ノリがいい人、意気投合	出し抜く、積極的なアピール	トントン拍子、リードしていく	スピード婚
ソードのクイーン	共感できる、知的な会話	自立した大人、堅い人、緊張感	本心が見えない、穏やかな恋	結婚前提で着実に進展
ソードのキング	成熟した大人の恋愛	大人の男性、尊敬、憧れ	高め合う恋、相手のリード	理想的な結婚、協力し合う

	出会い	片思い	カップル	結婚
ペンタクルの A	恋の芽生え、新しい恋	手応えを感じる、可能性のある恋	信頼関係、結婚前提	経済的安定、幸せな結婚
ペンタクルの 2	ノリがいい、フレンドリー	サービス精神、マメに会える	バランスがいい、面白いデート	未来のことより今を楽しむこと
ペンタクルの 3	仕事がきっかけ、チームワーク	地道に進める恋、職場恋愛	結婚前提、真面目で誠実	金銭的に支え合える
ペンタクルの 4	慎重派、安定志向の相手	警戒心、嫉妬、心を開かない	束縛、同棲、ステータス	倹約家、生活水準が高い
ペンタクルの 5	困難	経済的に恋愛の余裕がない	依存関係、好意が薄れる	金銭的余裕がない
ペンタクルの 6	親しみやすい、共通の趣味がある	尊敬できる人、ギブアンドテイク	プレゼント、尽くされる充足感	玉の輿、婚期
ペンタクルの 7	友だちから関係が進まない	曖昧な関係、相手の反応が薄い	理想と現実のギャップ	ステップアップ、会話を増やす
ペンタクルの 8	ゆっくり進展、ほのかな恋心	誠実、硬派、地道なアピール	頼りになる、一途な気持ち	基盤を作る、建設的な話し合い
ペンタクルの 9	一目惚れされる	華やかで魅力的、モテる人、告白	溺愛される、プレゼント攻撃	裕福、女性優位、嬉しいプロポーズ
ペンタクルの 10	親しみを感じる	友だちのような恋、男女を超えた友情	結婚前提、同棲、家族ぐるみ	幸せな結婚、家族が増える
ペンタクルの ペイジ	ゆっくり進む、もどかしい恋	恋心を持たれる、若い印象の男性	真面目な交際、将来有望	着実に進む
ペンタクルの ナイト	真面目にコツコツ	シャイな人	将来を見据える、責任感	現実的に進む
ペンタクルの クイーン	穏やかな愛情	癒し系、母性、面倒見がいい	安心感、同棲、あなたに甘えたい	結婚を視野に入れる
ペンタクルの キング	余裕がある、建設的	率直なアピール、裕福、尊敬	リードされる、包容力、誠実	結婚へ、祝福、長年連れ添う

　『恋愛タロット入門　相手の本音がわかる細密リーディング』、いかがでしたか？　この本が皆さんの恋に悩む心を癒し、タロットの素晴らしさを感じていただくきっかけになれたら嬉しいです。

　占いで何よりも大事なのは、占いを利用して**「明るい未来を信じること」**だと私は思っています。まだ見ぬ未来を心配するよりも、ワクワクしながら「きっとよくなる」と信じているほうがずっと楽しいはず。**あなたの人生にどんな未来を採用するか**は、あなた自身が決められるんです。信じれば何事もそのとおりになっていくもの。皆さんもタロットを利用して、**信じるパワーが人生を切り拓く**のを体感してみてくださいね。

　「誰かを愛する」のはとても尊いことです。一人では難しいことも、二人なら乗り越えられる。弱い部分を理解して支え合える。私たちは皆、あまりにもいびつな形をしているのです。現代は「恋愛をするのが怖い」と、自分の殻に閉じこもったり、バーチャルな世界でしか人と繋がれなかったりする人も多いと聞きます。ですが、**私たちが生まれたこの地球は愛の星**です。いびつでデコボコした者同士がくっつくための不思議な星。

　そんな星にいるのですから、愛の経験をたくさん重ねないともったいないですよね！　勇気が出ないときは、ぜひタロットを1枚引いてみてください。**愛はすぐそこにあります。**

　あなたが最愛の方と結ばれることを心から願っています。

mimineko

パワーストーンショップ「ANGELICA」代表、占いYouTuber。シャーマン家系に生まれ育ち、成人の病をきっかけに精霊や神様の意識をキャッチするようになる。魂、精神、体をその人らしい状態にすることにより本来の美しさや幸運を掴めると確信し、「最高傑作の自分に戻る」メソッドを伝えている。直感力がヒットし、瞬く間に人気YouTuberに。スピリチュアルな世界を伝える「miminekoふしぎお喋り」も人気が高まっている。

 ## YouTube チャンネル

カードリーディングチャンネル「mimineko」

『最高傑作の自分に戻ること、自分を愛すること』をメインテーマに、miminekoがカードリーディングを展開するYouTubeチャンネルです！総登録者数は12.3万人を突破（2023年3月）。

雑談チャンネル「mimineko ふしぎお喋り」

miminekoが自由にお喋りするYouTubeチャンネル。スピリチュアルやパワーストーン、願望の実現方法など、ちょっぴり不思議なお話を語っていきます。肩の力を抜いてのんびり聴いてください♪

 ## パワーストーンショップ ANGELICA

https://angelica.nekonekoland.com/

天然石やパワーストーンのアクセサリーを販売するオンラインショップ。店主であるmiminekoが見つけた、エネルギッシュなパワーを持つストーンたちがあなたに迎え入れられるのを待っています！

 ## Twitter

https://twitter.com/mimineko_0406

Instagram

https://www.instagram.com/mimineko_neko/

※カバーの折り返しに各QRコードがついています。

STAFF

Publisher／松下大介
Editer in chief／笹岡政宏
Editer／コジマアイ
Editorial cooperation／仲川祐香（説話社）
Design／カバー：菅野涼子（説話社）
　　　　本文：遠藤亜矢子
　　　　DTP：ラッシュ
Illustrator／やよい
Photo／Adobe Stock、shutterstock

恋愛タロット入門
相手の本音がわかる細密リーディング

2023年3月2日　初版発行

著　者　mimineko
編集人　笹岡政宏
発行人　松下大介
発行所　株式会社ホビージャパン
　　　　〒151-0053　東京都渋谷区代々木2-15-8　新宿HOBBYビル
　　　　電話　03-6734-6340（編集）
　　　　　　　03-5304-9112（営業）
印刷所　大日本印刷株式会社

ⓒmimineko2023 Printed in Japan
ISBN 978-4-7986-3060-1 C0076